Selbstregulation für Kinder

Über 100 kreative Spiele und Alltagsübungen –
Spielerisch emotionale Entwicklung und
Impulskontrolle von 3 bis 12 Jahren fördern,
inklusive Tipps für Eltern und Lehrer

Jane Boyce

Entdecken Sie mehr und bereichern Sie Ihre Bildungserfahrung, indem Sie unseren exklusiven Bonus 'Leitfaden für Eltern und Lehrer' herunterladen.

Scannen Sie den QR-Code am Ende dieses Buches, um Ihren Bonus zu erhalten.

Inhaltsverzeichnis

KAPITEL 4: SELBSTREGULATIONSSPIELE FÜR KINDER VON 10 BIS 12 JAHREN 73

Einführung

Kinder sind von Natur aus neugierig und voller Energie. Sie erkunden ihre Umwelt, interagieren mit anderen und lernen ständig dazu. Inmitten dieser aufregenden Phase ihrer Entwicklung steht die Fähigkeit zur Selbstregulation als eine der wichtigsten Kompetenzen, die sie erwerben können. Selbstregulation umfasst die Fähigkeit, eigene Emotionen zu erkennen, zu verstehen und zu steuern sowie Impulse zu kontrollieren und auf eine sozial akzeptable Weise zu handeln. Diese Fähigkeit bildet die Grundlage für erfolgreiches Lernen, soziale Interaktionen und das allgemeine Wohlbefinden.

In der heutigen schnelllebigen und oft stressigen Welt sind Kinder zahlreichen Reizen und Herausforderungen ausgesetzt. Vom Druck in der Schule bis hin zu den sozialen Dynamiken auf dem Spielplatz – die Fähigkeit, eigene Gefühle und Verhaltensweisen zu regulieren, ist entscheidend, um diesen Herausforderungen gewachsen zu sein. Selbstregulation ist nicht nur ein Mittel, um Konflikte zu vermeiden, sondern auch ein Schlüssel zu einem erfüllten und erfolgreichen Leben. Studien zeigen, dass Kinder, die ihre Emotionen gut regulieren können, in der Schule besser abschneiden, gesündere soziale Beziehungen aufbauen und insgesamt zufriedener sind.

Selbstregulation ist jedoch keine angeborene Fähigkeit; sie muss erlernt und kultiviert werden. Eltern und Lehrer spielen dabei eine zentrale Rolle. Sie sind die Vorbilder und die Unterstützer, die den Kindern helfen, diese wichtigen Fähigkeiten zu entwickeln.

Durch gezielte Aktivitäten und Übungen können Erwachsene die Selbstregulation der Kinder fördern und ihnen die Werkzeuge an die Hand geben, die sie für ein ausgeglichenes und selbstbestimmtes Leben benötigen.

Ein zentraler Aspekt der Selbstregulation ist das Verständnis der eigenen Emotionen. Kinder müssen lernen, ihre Gefühle zu identifizieren und zu benennen. Dies ist der erste Schritt, um mit Emotionen wie Wut, Traurigkeit oder Frustration umgehen zu können. Durch Gespräche und Spiele, die die emotionale Selbstwahrnehmung fördern, können Erwachsene den Kindern helfen, ein tieferes Verständnis für ihre inneren Zustände zu entwickeln. Beispielsweise kann ein einfaches Gespräch über die Gefühle des Tages oder das Zeichnen von Emotionen auf Papier dazu beitragen, dass Kinder ihre Gefühle besser verstehen.

Neben der emotionalen Selbstwahrnehmung ist die Kontrolle von Impulsen eine weitere wichtige Facette der Selbstregulation. Kinder neigen oft dazu, impulsiv zu handeln – sei es aus Neugier, Aufregung oder Frustration. Impulskontrolle bedeutet, innezuhalten und über die Konsequenzen einer Handlung nachzudenken, bevor man sie ausführt. Dies kann durch Spiele und Übungen gefördert werden, die darauf abzielen, die Aufmerksamkeitsspanne zu verlängern und die Fähigkeit zur Selbstkontrolle zu stärken. Spiele wie „Stille Post" oder „Simon sagt" sind nicht nur unterhaltsam, sondern bieten auch wertvolle Gelegenheiten, die Impulskontrolle zu üben.

Ein weiterer entscheidender Faktor für die erfolgreiche Selbstregulation ist die Fähigkeit zur Selbstberuhigung. Kinder müssen lernen, sich selbst zu beruhigen, wenn sie aufgeregt oder gestresst sind.

Techniken wie tiefes Atmen, Visualisierung oder das Hören von beruhigender Musik können ihnen helfen, sich in stressigen Situationen zu entspannen. Es ist wichtig, dass Kinder diese Techniken in einer sicheren und unterstützenden Umgebung üben, damit sie sie in schwierigen Momenten anwenden können.

Eltern und Lehrer sollten sich bewusst sein, dass der Weg zur Selbstregulation ein kontinuierlicher Prozess ist, der Geduld und Konsequenz erfordert. Kinder lernen durch Wiederholung und positive Verstärkung. Es ist hilfreich, eine Umgebung zu schaffen, die strukturiert und vorhersehbar ist, damit Kinder wissen, was von ihnen erwartet wird und wie sie sich in verschiedenen Situationen verhalten sollten. Lob und Anerkennung für selbstreguliertes Verhalten können die Motivation der Kinder erhöhen und ihnen zeigen, dass ihre Anstrengungen geschätzt warden.

In diesem Buch werden wir zahlreiche Spiele und Übungen vorstellen, die darauf abzielen, die Selbstregulation bei Kindern zu fördern. Diese Aktivitäten sind darauf ausgelegt, Spaß zu machen und gleichzeitig die emotionalen und kognitiven Fähigkeiten der Kinder zu stärken. Indem wir spielerische Ansätze verwenden, können wir die natürliche Neugier und Spielfreude der Kinder nutzen, um ihnen wichtige Lebenskompetenzen zu vermitteln.

Kapitel 1: Grundlagen der Selbstregulation

Was ist Selbstregulation?

Selbstregulation bezeichnet die Fähigkeit, eigene Emotionen, Gedanken und Verhaltensweisen zu steuern und anzupassen, um persönliche Ziele zu erreichen und in sozialen Interaktionen angemessen zu handeln. Es geht darum, Impulse zu kontrollieren, emotionale Reaktionen zu regulieren und auf eine überlegte Weise zu handeln.

Ein einfaches Beispiel für Selbstregulation ist ein Kind, das bei einem Gesellschaftsspiel verliert. Anstatt wütend das Spielbrett umzuwerfen, nimmt das Kind einen tiefen Atemzug, akzeptiert die Niederlage und gratuliert dem Gewinner. Dieses Verhalten zeigt, dass das Kind seine Impulse und Emotionen im Griff hat und in der Lage ist, angemessen auf eine frustrierende Situation zu reagieren.

Ein weiteres Beispiel ist ein Schüler, der während des Unterrichts aufgeregt ist, weil er seine Hausaufgaben vergessen hat. Anstatt in Panik zu geraten oder aus dem Klassenzimmer zu rennen, meldet er sich bei der Lehrerin, erklärt die Situation ruhig und bietet an, die Hausaufgaben am nächsten Tag nachzureichen. Dieses Verhalten zeigt, dass der Schüler in der Lage ist, seine emotionale Reaktion zu regulieren und eine konstruktive Lösung zu finden.

Selbstregulation umfasst auch die Fähigkeit, langfristige Ziele zu verfolgen und auf Belohnungen zu warten. Ein Beispiel dafür ist ein Kind, das seine Zeit für das Lernen einteilt, um gute Noten zu erzielen, anstatt die ganze Zeit zu spielen. Durch die Selbstregulation kann es seine Impulse zügeln und sich auf seine langfristigen Ziele konzentrieren.

Diese Fähigkeit ist entscheidend für den Erfolg in der Schule, im Beruf und im sozialen Leben. Sie ermöglicht es Kindern, ihre Emotionen und Verhaltensweisen zu steuern und auf Herausforderungen angemessen zu reagieren.

Warum ist Selbstregulation wichtig?

Die Fähigkeit zur Selbstregulation ist entscheidend für die gesunde Entwicklung eines Kindes und hat weitreichende Auswirkungen auf dessen Leben. Kinder, die ihre Emotionen und Verhaltensweisen im Griff haben, sind besser gerüstet, um den Herausforderungen des Alltags zu begegnen, sowohl in der Schule als auch im sozialen Umfeld.

Ein zentraler Grund, warum diese Fähigkeit so bedeutsam ist, liegt in ihrer positiven Auswirkung auf das Lernen und die akademische Leistung. Kinder, die ihre Aufmerksamkeit lenken und ihre Impulse steuern können, erzielen in der Regel bessere schulische Ergebnisse. Sie sind in der Lage, sich auf Aufgaben zu konzentrieren, sich selbst zu motivieren und bei Schwierigkeiten durchzuhalten. Ein Beispiel dafür ist ein Schüler, der trotz Ablenkungen konzentriert an seinen Hausaufgaben arbeitet und regelmäßig gute Noten erhält.

Darüber hinaus fördert die Kontrolle über eigene Reaktionen das soziale Miteinander und die Fähigkeit, gesunde Beziehungen aufzubauen. Kinder, die ihre Emotionen und Reaktionen kontrollieren, können besser mit Konflikten umgehen, Empathie zeigen und positive soziale Interaktionen pflegen. Ein Beispiel wäre ein Kind, das während eines Streits mit einem Freund ruhig bleibt, aktiv zuhört und versucht, eine gemeinsame Lösung zu finden, anstatt impulsiv zu reagieren.

Die Beherrschung eigener Gefühle und Handlungen ist auch eng mit dem emotionalen Wohlbefinden verknüpft. Kinder, die lernen, ihre Gefühle zu verstehen und zu steuern, sind weniger anfällig für Stress und Angst. Sie entwickeln eine bessere Resilienz und können Rückschläge und Frustrationen leichter überwinden. Ein Beispiel hierfür ist ein Kind, das nach einer schlechten Note nicht in Verzweiflung gerät, sondern sich hinsetzt, um einen Plan zu erstellen, wie es sich verbessern kann.

Langfristig betrachtet, ist die Fähigkeit, sich selbst zu regulieren, eine Schlüsselkompetenz für den Erfolg im Erwachsenenleben. Sie beeinflusst die Fähigkeit, langfristige Ziele zu verfolgen, Entscheidungen zu treffen und verantwortungsbewusst zu handeln. Kinder, die diese Fähigkeit entwickeln, wachsen zu Erwachsenen heran, die in der Lage sind, ihr Leben selbstbestimmt und erfolgreich zu gestalten.

Insgesamt ist die Förderung der Selbstkontrolle und Emotionsregulation bei Kindern ein wesentlicher Bestandteil ihrer Erziehung und Bildung. Sie legt den Grundstein für ein erfülltes, ausgeglichenes und erfolgreiches Leben.

Die Rolle der Eltern und Lehrer bei der Förderung der Selbstregulation

Eltern sind oft die ersten und wichtigsten Bezugspersonen im Leben eines Kindes. Ihre Reaktionen und Verhaltensweisen bieten den Kindern wertvolle Lektionen in emotionaler und Verhaltenssteuerung. Ein wichtiger Aspekt dabei ist die Schaffung einer stabilen und unterstützenden Umgebung. Wenn Kinder sich sicher und geliebt fühlen, sind sie eher bereit, neue Fähigkeiten zu erlernen und zu üben. Eltern können durch positive Verstärkung und klare, konsistente Regeln dazu beitragen, dass Kinder verstehen, wie sie ihre Emotionen und Impulse kontrollieren können. Beispielsweise können Eltern gezielte Lob für selbstreguliertes Verhalten aussprechen, wie wenn ein Kind ruhig bleibt, obwohl es frustriert ist.

Ein weiteres wirksames Mittel ist das Vorleben von Selbstregulation. Kinder lernen durch Nachahmung, und wenn sie sehen, wie ihre Eltern ihre eigenen Emotionen und Verhaltensweisen erfolgreich steuern, werden sie eher in der Lage sein, dies auch zu tun. Wenn ein Elternteil beispielsweise in einer stressigen Situation ruhig bleibt und nach Lösungen sucht, anstatt in Panik zu geraten, bietet dies dem Kind ein wertvolles Beispiel für Selbstregulation.

Lehrer haben ebenfalls einen bedeutenden Einfluss auf die Entwicklung der Selbstkontrolle bei Kindern. In der Schule verbringen Kinder viele Stunden und sind verschiedenen sozialen und akademischen Herausforderungen ausgesetzt.

Lehrer können durch die Schaffung eines strukturierten und unterstützenden Klassenumfelds dazu beitragen, dass Kinder ihre

Fähigkeiten zur Emotions- und Impulssteuerung entwickeln. Klare Regeln, feste Routinen und eine positive Klassenatmosphäre sind dabei entscheidend. Wenn Kinder wissen, was von ihnen erwartet wird und welche Konsequenzen ihr Verhalten hat, fällt es ihnen leichter, ihre Handlungen zu steuern.

Ein effektiver Ansatz ist auch die Integration von Übungen zur Selbstregulation in den Unterricht. Lehrer können kurze, regelmäßige Aktivitäten einführen, die den Kindern helfen, ihre Aufmerksamkeit zu fokussieren und ihre Impulse zu kontrollieren. Beispielsweise können Meditationsübungen oder kurze Atemübungen dazu beitragen, dass die Kinder lernen, sich zu beruhigen und ihre Gedanken zu sammeln.

Sowohl Eltern als auch Lehrer sollten sich der Bedeutung von Geduld und Beständigkeit bewusst sein. Die Entwicklung der Fähigkeit zur Selbstregulation ist ein fortlaufender Prozess, der Zeit und Übung erfordert. Es ist wichtig, Kindern Raum und Gelegenheit zu geben, ihre Fähigkeiten zu üben, Fehler zu machen und daraus zu lernen. Durch eine kontinuierliche Unterstützung und Ermutigung können Erwachsene Kindern helfen, ihre Selbstregulationsfähigkeiten zu stärken und zu verfeinern.

Kapitel 2:
Selbstregulationsspiele für Kinder von 3 bis 6 Jahren

Spiele zur Förderung der emotionalen Selbstwahrnehmung

1. Gefühlsball

- **Ziel der Übung**: Diese Übung hilft Kindern, ihre Emotionen zu identifizieren und darüber zu sprechen.
- **Altersempfehlung**: Geeignet für Kinder im Alter von 3 bis 6 Jahren.
- **Anleitung**:
    1. Nehmen Sie einen Ball und schreiben Sie verschiedene Emotionen darauf (z.B. glücklich, traurig, wütend, überrascht).
    2. Werfen Sie den Ball einem Kind zu und lassen Sie es die Emotion benennen, die zu seinen Daumen zeigt.
    3. Bitten Sie das Kind, ein Beispiel zu geben, wann es diese Emotion gefühlt hat.
- **Reflexion**: Fragen Sie das Kind, ob es sich jetzt wohler fühlt, über seine Gefühle zu sprechen.

2. Emotionsgesichter malen

- **Ziel der Übung**: Diese Übung unterstützt Kinder dabei, ihre Gefühle durch Zeichnungen auszudrücken.
- **Altersempfehlung**: Geeignet für Kinder im Alter von 3 bis 6 Jahren.
- **Anleitung**:
    1. Geben Sie den Kindern Papier und Buntstifte.
    2. Bitten Sie sie, Gesichter zu malen, die verschiedene Emotionen darstellen (glücklich, traurig, wütend).
    3. Lassen Sie die Kinder ihre Bilder zeigen und erklären, welche Gefühle sie dargestellt haben.
- **Reflexion**: Diskutieren Sie mit den Kindern, wie sie sich fühlen, wenn sie ihre Emotionen zeichnen.

3. Gefühlskarten

- **Ziel der Übung**: Diese Übung hilft Kindern, Emotionen zu erkennen und zu benennen.
- **Altersempfehlung**: Geeignet für Kinder im Alter von 3 bis 6 Jahren.
- **Anleitung**:
    1. Erstellen Sie Karten mit Bildern von Gesichtern, die verschiedene Emotionen zeigen.
    2. Zeigen Sie den Kindern eine Karte und fragen Sie, welche Emotion sie darauf sehen.
    3. Bitten Sie die Kinder, Situationen zu beschreiben, in denen sie diese Emotion fühlen.

- **Reflexion**: Fragen Sie die Kinder, ob sie ähnliche Gefühle schon einmal hatten und wie sie damit umgegangen sind.

4. Emotionsmusik

- **Ziel der Übung**: Diese Übung hilft Kindern, Gefühle durch Musik zu erkennen und auszudrücken.
- **Altersempfehlung**: Geeignet für Kinder im Alter von 3 bis 6 Jahren.
- **Anleitung**:
  1. Spielen Sie verschiedene Musikstücke, die unterschiedliche Emotionen ausdrücken (fröhlich, traurig, beruhigend).
  2. Lassen Sie die Kinder tanzen oder sich zur Musik bewegen und fragen Sie, wie die Musik sie fühlen lässt.
  3. Diskutieren Sie die verschiedenen Emotionen, die durch die Musik ausgelöst werden.
- **Reflexion**: Fragen Sie die Kinder, ob sie die Musik dazu bringt, an bestimmte Ereignisse oder Gefühle zu denken.

5. Emotionspuppentheater

- **Ziel der Übung**: Diese Übung ermöglicht es Kindern, ihre Emotionen durch Rollenspiele zu erkunden.
- **Altersempfehlung**: Geeignet für Kinder im Alter von 3 bis 6 Jahren.
- **Anleitung**:
  1. Verwenden Sie Puppen oder Stofftiere, um verschiedene Emotionen darzustellen.

2. Spielen Sie kurze Szenen vor, in denen die Puppen verschiedene Gefühle zeigen (z.B. wütend, traurig, glücklich).

3. Bitten Sie die Kinder, die Puppen zu übernehmen und ihre eigenen Geschichten zu erzählen.

- **Reflexion**: Sprechen Sie mit den Kindern darüber, wie die Puppen sich gefühlt haben und warum.

6. Emotionsgesprächsrunde

- **Ziel der Übung**: Diese Übung fördert die verbale Ausdrucksfähigkeit und das Verständnis für eigene Gefühle.
- **Altersempfehlung**: Geeignet für Kinder im Alter von 3 bis 6 Jahren.
- **Anleitung**:
  1. Setzen Sie sich in einen Kreis und geben Sie einem Kind einen Gegenstand (z.B. einen Plüschball).
  2. Bitten Sie das Kind, den Gegenstand zu halten und zu erzählen, wie es sich heute fühlt und warum.
  3. Der Gegenstand wird im Kreis weitergegeben, sodass jedes Kind seine Gefühle teilen kann.
- **Reflexion**: Ermutigen Sie die Kinder, einander zuzuhören und auf die Gefühle der anderen zu reagieren.

7. Gefühlsfotos

- **Ziel der Übung**: Diese Übung hilft Kindern, Emotionen in Fotos zu erkennen und zu benennen.

- **Altersempfehlung**: Geeignet für Kinder im Alter von 3 bis 6 Jahren.
- **Anleitung**:
    1. Zeigen Sie den Kindern Fotos von Menschen mit verschiedenen Gesichtsausdrücken.
    2. Fragen Sie die Kinder, welche Emotion sie in jedem Foto sehen.
    3. Diskutieren Sie gemeinsam, wann sie selbst diese Gefühle hatten.
- **Reflexion**: Fragen Sie die Kinder, wie sie sich in ähnlichen Situationen gefühlt haben und was sie getan haben.

8. Emotionsbilderbuch

- **Ziel der Übung**: Diese Übung unterstützt Kinder dabei, Emotionen durch Geschichten zu verstehen.
- **Altersempfehlung**: Geeignet für Kinder im Alter von 3 bis 6 Jahren.
- **Anleitung**:
    1. Lesen Sie ein Bilderbuch vor, das verschiedene Emotionen thematisiert.
    2. Halten Sie nach jedem Abschnitt inne und fragen Sie die Kinder, wie sie denken, dass sich die Figuren fühlen.
    3. Lassen Sie die Kinder ihre eigenen Erlebnisse teilen, die den Emotionen der Figuren ähneln.

- **Reflexion**: Diskutieren Sie nach dem Lesen über die verschiedenen Gefühle und wie die Figuren im Buch damit umgegangen sind.

9. Emotionskreide

- **Ziel der Übung**: Fördert das Erkennen und Ausdrücken von Emotionen durch das Zeichnen mit Kreide.
- **Altersempfehlung**: Geeignet für Kinder im Alter von 3 bis 6 Jahren.
- **Anleitung**:
    1. Geben Sie den Kindern bunte Kreiden und lassen Sie sie auf einer großen Fläche (z.B. Gehweg, Tafel) zeichnen.
    2. Bitten Sie die Kinder, Emotionen wie Freude, Traurigkeit oder Wut darzustellen.
    3. Lassen Sie die Kinder ihre Zeichnungen erklären und darüber sprechen, wie sie sich bei diesen Emotionen fühlen.
- **Reflexion**: Fragen Sie die Kinder, wie das Zeichnen mit Kreide ihnen geholfen hat, ihre Gefühle auszudrücken.

10.   Emotionsmasken

- **Ziel der Übung**: Diese Übung hilft Kindern, ihre Gefühle durch das Basteln und Tragen von Masken zu erkennen und zu benennen.
- **Altersempfehlung**: Geeignet für Kinder im Alter von 3 bis 6 Jahren.
- **Anleitung**:
    1. Geben Sie den Kindern Pappmasken und verschiedene Materialien wie Farben, Federn und Glitzer.
    2. Lassen Sie die Kinder Masken basteln, die verschiedene Emotionen darstellen.
    3. Bitten Sie die Kinder, ihre Masken zu tragen und die dargestellte Emotion zu spielen.
- **Reflexion**: Fragen Sie die Kinder, wie sich das Tragen der Masken auf ihr Verständnis und ihre Darstellung der Emotionen ausgewirkt hat.

11.   Emotions-Box

- **Ziel der Übung**: Fördert das Verständnis und die Benennung von Emotionen durch das Zusammenstellen einer Emotions-Box.
- **Altersempfehlung**: Geeignet für Kinder im Alter von 3 bis 6 Jahren.
- **Anleitung**:

1. Geben Sie den Kindern eine leere Box und verschiedene Materialien wie Stoffreste, Fotos und kleine Gegenstände.

2. Bitten Sie die Kinder, die Box mit Dingen zu füllen, die verschiedene Emotionen repräsentieren (z.B. ein weiches Tuch für Geborgenheit).

3. Lassen Sie die Kinder die Gegenstände in der Gruppe vorstellen und die dazugehörigen Emotionen erklären.

- **Reflexion**: Diskutieren Sie, wie die Gegenstände den Kindern geholfen haben, ihre Gefühle besser zu verstehen.

12. Emotions-Spielfiguren

- **Ziel der Übung**: Unterstützt das Erkennen und Darstellen von Emotionen durch das Spielen mit speziell gestalteten Figuren.

- **Altersempfehlung**: Geeignet für Kinder im Alter von 3 bis 6 Jahren.

- **Anleitung**:

  1. Stellen Sie verschiedene Spielfiguren bereit, die verschiedene Emotionen darstellen (z.B. ein lachendes Gesicht, ein weinendes Gesicht).

  2. Bitten Sie die Kinder, Geschichten mit den Figuren zu spielen und die Emotionen der Figuren zu benennen.

  3. Diskutieren Sie, welche Situationen die Figuren erleben und wie sie sich dabei fühlen.

- **Reflexion**: Fragen Sie die Kinder, wie das Spielen mit den Figuren ihnen geholfen hat, Emotionen zu erkennen und zu verstehen.

13.   Emotionsschaum

- **Ziel der Übung**: Fördert das Erkennen und Ausdrücken von Emotionen durch das Gestalten mit Schaum.
- **Altersempfehlung**: Geeignet für Kinder im Alter von 3 bis 6 Jahren.
- **Anleitung**:
  1. Geben Sie den Kindern Rasierschaum oder einen ähnlichen Schaum auf eine große Fläche.
  2. Bitten Sie die Kinder, verschiedene Emotionen in den Schaum zu malen (z.B. Gesichter, Symbole).
  3. Lassen Sie die Kinder ihre Schaumkreationen erklären und darüber sprechen, wie sie sich fühlen.
- **Reflexion**: Diskutieren Sie, wie das Gestalten mit Schaum den Kindern geholfen hat, ihre Gefühle auszudrücken.

14.   Emotionsmusik-Stopp

- **Ziel der Übung**: Fördert das Erkennen und Ausdrücken von Emotionen durch ein musikalisches Stopp-Spiel.
- **Altersempfehlung**: Geeignet für Kinder im Alter von 3 bis 6 Jahren.
- **Anleitung**:

1. Spielen Sie verschiedene Musikstücke, die unterschiedliche Emotionen ausdrücken.
2. Bitten Sie die Kinder, sich zur Musik zu bewegen und zu tanzen.
3. Stoppen Sie die Musik plötzlich und lassen Sie die Kinder die Emotion benennen, die sie gerade ausdrücken.

- **Reflexion**: Fragen Sie die Kinder, wie die Musik ihre Emotionen beeinflusst hat und wie sie diese ausgedrückt haben.

15.   Emotionsaufkleber

- **Ziel der Übung**: Fördert das Erkennen und Benennen von Emotionen durch das Gestalten mit Aufklebern.
- **Altersempfehlung**: Geeignet für Kinder im Alter von 3 bis 6 Jahren.
- **Anleitung**:
  1. Geben Sie den Kindern verschiedene Aufkleber mit unterschiedlichen Gesichtsausdrücken.
  2. Lassen Sie die Kinder die Aufkleber auf Papier kleben und Geschichten um die Gesichter herum zeichnen.
  3. Bitten Sie die Kinder, ihre Geschichten zu erklären und die Emotionen der Charaktere zu beschreiben.
- **Reflexion**: Diskutieren Sie, wie die Aufkleber den Kindern geholfen haben, ihre Gefühle und die anderer besser zu verstehen.

Übungen zur Entwicklung der Impulskontrolle

16.   Stille Post

- **Ziel der Übung**: Diese Übung hilft Kindern, ihre Impulse zu kontrollieren und geduldig zuzuhören.
- **Altersempfehlung**: Geeignet für Kinder im Alter von 3 bis 6 Jahren.
- **Anleitung**:
  1. Setzen Sie sich mit den Kindern in einen Kreis.
  2. Flüstern Sie einem Kind ein einfaches Wort oder eine kurze Nachricht ins Ohr.
  3. Das Kind flüstert die Nachricht weiter, bis sie den letzten erreicht.
  4. Der letzte sagt die Nachricht laut, um zu sehen, ob sie sich verändert hat.
- **Reflexion**: Fragen Sie die Kinder, wie es ihnen gefallen hat, geduldig zuzuhören und ihre Impulse zu kontrollieren.

17.   Rote Ampel, Grüne Ampel

- **Ziel der Übung**: Diese Übung unterstützt Kinder dabei, ihre Impulse zu kontrollieren und schnell zwischen Stoppen und Gehen zu wechseln.
- **Altersempfehlung**: Geeignet für Kinder im Alter von 3 bis 6 Jahren.
- **Anleitung**:
    1. Erklären Sie den Kindern, dass "Grüne Ampel" bedeutet, dass sie gehen oder rennen können, und "Rote Ampel" bedeutet, dass sie sofort anhalten müssen.
    2. Rufen Sie abwechselnd "Grüne Ampel" und "Rote Ampel".
    3. Variieren Sie die Dauer der Ampelphasen.
- **Reflexion**: Sprechen Sie mit den Kindern darüber, wie sie sich gefühlt haben, als sie schnell anhalten mussten.

18.   Der Marshmallow-Test

- **Ziel der Übung**: Diese Übung lehrt Kinder, ihre Impulse zu kontrollieren und Belohnungen aufzuschieben.
- **Altersempfehlung**: Geeignet für Kinder im Alter von 3 bis 6 Jahren.
- **Anleitung**:
    1. Setzen Sie jedes Kind an einen Tisch und legen Sie einen Marshmallow (oder ein anderes kleines Leckerli) vor sie.

2. Erklären Sie, dass sie den Marshmallow sofort essen können oder warten können, bis Sie zurückkommen, um dann zwei zu bekommen.

3. Verlassen Sie den Raum für ein paar Minuten und beobachten Sie, wie die Kinder reagieren.

- **Reflexion**: Fragen Sie die Kinder, wie schwer es war zu warten und wie sie sich gefühlt haben, als sie die Belohnung bekamen.

19.   Simon sagt

- **Ziel der Übung**: Diese Übung unterstützt Kinder dabei, Anweisungen genau zu folgen und ihre Impulse zu kontrollieren.
- **Altersempfehlung**: Geeignet für Kinder im Alter von 3 bis 6 Jahren.
- **Anleitung**:

  1. Erklären Sie den Kindern, dass sie nur dann eine Aktion ausführen sollen, wenn Sie "Simon sagt" vorweg sagen.

  2. Geben Sie verschiedene Anweisungen, z.B. "Simon sagt, klatscht in die Hände".

  3. Geben Sie zwischendurch auch Anweisungen ohne "Simon sagt" und beobachten Sie, wer darauf hereinfällt.

- **Reflexion**: Diskutieren Sie, wie gut die Kinder ihre Impulse kontrollieren konnten und welche Tricks sie benutzt haben.

20.   Wackelturm

- **Ziel der Übung**: Diese Übung lehrt Kinder, vorsichtig und geduldig zu sein, während sie ihre Impulse kontrollieren.
- **Altersempfehlung**: Geeignet für Kinder im Alter von 3 bis 6 Jahren.
- **Anleitung**:
    1. Stellen Sie einen Turm aus Holzklötzen auf.
    2. Lassen Sie die Kinder abwechselnd einen Klotz herausziehen und oben auf den Turm legen, ohne dass er umfällt.
    3. Ermutigen Sie die Kinder, vorsichtig und geduldig zu sein.
- **Reflexion**: Fragen Sie die Kinder, wie sie sich gefühlt haben, wenn sie sehr vorsichtig sein mussten und was sie gelernt haben.

21.   Ruhiges Stehen

- **Ziel der Übung**: Diese Übung hilft Kindern, ihre Impulse zu kontrollieren und in einer herausfordernden Situation ruhig zu bleiben.
- **Altersempfehlung**: Geeignet für Kinder im Alter von 3 bis 6 Jahren.
- **Anleitung**:
    1. Bitten Sie die Kinder, still zu stehen, ohne sich zu bewegen, für eine bestimmte Zeit (z.B. 1 Minute).
    2. Erhöhen Sie schrittweise die Dauer, um die Herausforderung zu steigern.

3. Belohnen Sie die Kinder für ihre Anstrengung und Geduld.

- **Reflexion**: Diskutieren Sie, wie schwer es war, still zu stehen, und was ihnen geholfen hat, ruhig zu bleiben.

## 22.	Blas-Malerei

- **Ziel der Übung**: Diese Übung fördert die Geduld und Selbstkontrolle, während die Kinder kreative Kunstwerke schaffen.
- **Altersempfehlung**: Geeignet für Kinder im Alter von 3 bis 6 Jahren.
- **Anleitung**:
  1. Geben Sie den Kindern ein Blatt Papier und verschiedene Farben verdünnte Farbe.
  2. Lassen Sie die Kinder die Farbe auf das Papier tropfen und dann durch einen Strohhalm pusten, um die Farbe zu verteilen.
  3. Ermutigen Sie die Kinder, geduldig zu sein und langsam zu pusten, um interessante Muster zu erzeugen.
- **Reflexion**: Sprechen Sie mit den Kindern darüber, wie sie sich gefühlt haben, als sie geduldig sein mussten, um ihre Kunstwerke zu schaffen.

23.   Geschichtenzeit mit Pausen

- **Ziel der Übung**: Diese Übung hilft Kindern, ihre Aufmerksamkeit zu fokussieren und Impulse zu kontrollieren, während sie gespannt einer Geschichte lauschen.
- **Altersempfehlung**: Geeignet für Kinder im Alter von 3 bis 6 Jahren.
- **Anleitung**:
    1. Wählen Sie eine spannende Geschichte und lesen Sie sie den Kindern vor.
    2. Machen Sie an spannenden Stellen eine Pause und bitten Sie die Kinder, vorherzusagen, was als Nächstes passiert.
    3. Lassen Sie die Kinder ruhig warten, bevor Sie die Geschichte fortsetzen.
- **Reflexion**: Fragen Sie die Kinder, wie es war, gespannt auf die Fortsetzung zu warten und wie sie ihre Impulse kontrolliert haben.

24.   Ballonhalten

- **Ziel der Übung**: Diese Übung fördert die Impulskontrolle, indem die Kinder versuchen, einen Ballon in der Luft zu halten, ohne ihn zu berühren.
- **Altersempfehlung**: Geeignet für Kinder im Alter von 3 bis 6 Jahren.
- **Anleitung**:
    1. Geben Sie jedem Kind einen aufgeblasenen Ballon.

2. Die Kinder sollen den Ballon in der Luft halten, indem sie ihn leicht anpusten, aber nicht mit den Händen berühren.

3. Ermutigen Sie die Kinder, vorsichtig und langsam zu pusten, um den Ballon kontrolliert in der Luft zu halten.

- **Reflexion**: Fragen Sie die Kinder, wie sie ihre Impulse kontrolliert haben, den Ballon nicht zu berühren.

25.   Tierimitation

- **Ziel der Übung**: Diese Übung fördert die Impulskontrolle durch das Nachahmen von Tieren auf ein Signal hin.
- **Altersempfehlung**: Geeignet für Kinder im Alter von 3 bis 6 Jahren.
- **Anleitung**:
  1. Erklären Sie den Kindern, dass sie nur auf ein bestimmtes Signal (z.B. Klatschen oder Trommelschlag) wie ein bestimmtes Tier (z.B. Löwe, Hase, Elefant) handeln dürfen.
  2. Geben Sie abwechselnd Signale und lassen Sie die Kinder die entsprechenden Tierbewegungen und -geräusche nachmachen.
  3. Variieren Sie die Signale und beobachten Sie, wie die Kinder ihre Impulse kontrollieren, bevor sie reagieren.
- **Reflexion**: Diskutieren Sie, wie es den Kindern gelungen ist, auf das richtige Signal zu warten.

---

26.   Farbwechsel

- **Ziel der Übung**: Fördert die Impulskontrolle durch das Spiel mit Farben und Bewegung.
- **Altersempfehlung**: Geeignet für Kinder im Alter von 3 bis 6 Jahren.
- **Anleitung**:
    1. Erstellen Sie farbige Kreise auf dem Boden (z.B. mit Kreide oder Teppichfliesen).
    2. Erklären Sie den Kindern, dass sie nur auf einen bestimmten Farbwechsel hin auf die entsprechende Farbe springen dürfen.
    3. Rufen Sie verschiedene Farben und beobachten Sie, wie die Kinder ihre Impulse kontrollieren, um auf die richtige Farbe zu springen.
- **Reflexion**: Fragen Sie die Kinder, wie sie ihre Impulse kontrolliert haben, bevor sie auf die Farbe gesprungen sind.

27.   Musikalische Stopps

- **Ziel der Übung**: Fördert die Impulskontrolle durch ein Musik- und Bewegungsspiel.
- **Altersempfehlung**: Geeignet für Kinder im Alter von 3 bis 6 Jahren.
- **Anleitung**:
    1. Spielen Sie Musik und lassen Sie die Kinder tanzen oder sich zur Musik bewegen.
    2. Stoppen Sie die Musik plötzlich und lassen Sie die Kinder einfrieren, bis die Musik wieder beginnt.

3. Wiederholen Sie dies mehrfach und variieren Sie die Dauer der Musik und der Stopps.

- **Reflexion**: Diskutieren Sie, wie die Kinder ihre Impulse kontrolliert haben, sich bei Musikstopps nicht zu bewegen.

28.   Turmbau

- **Ziel der Übung**: Fördert die Impulskontrolle durch das vorsichtige Bauen eines Turms mit Bauklötzen.
- **Altersempfehlung**: Geeignet für Kinder im Alter von 3 bis 6 Jahren.
- **Anleitung**:
    1. Geben Sie den Kindern Bauklötze und bitten Sie sie, einen möglichst hohen Turm zu bauen.
    2. Ermutigen Sie die Kinder, vorsichtig und geduldig zu sein, um den Turm nicht zum Einsturz zu bringen.
    3. Lassen Sie die Kinder abwechselnd einen Klotz hinzufügen, ohne dass der Turm umfällt.
- **Reflexion**: Fragen Sie die Kinder, wie sie ihre Impulse kontrolliert haben, vorsichtig zu sein und den Turm nicht zum Einsturz zu bringen.

29. Ballons bewegen

- **Ziel der Übung**: Fördert die Impulskontrolle durch das sanfte Bewegen von Ballons.
- **Altersempfehlung**: Geeignet für Kinder im Alter von 3 bis 6 Jahren.
- **Anleitung**:
    1. Geben Sie jedem Kind einen Luftballon.
    2. Bitten Sie die Kinder, den Ballon nur mit leichtem Pusten durch einen vorgegebenen Parcours zu bewegen.
    3. Die Kinder sollen ihre Bewegungen kontrollieren, um den Ballon nicht zu fest zu pusten und aus der Bahn zu werfen.
- **Reflexion**: Diskutieren Sie, wie die Kinder ihre Impulse kontrolliert haben, um den Ballon sanft zu bewegen.

30. Emotions-Stopp-Spiel

- **Ziel der Übung**: Fördert die Impulskontrolle und das Erkennen von Emotionen durch ein Bewegungsspiel.
- **Altersempfehlung**: Geeignet für Kinder im Alter von 3 bis 6 Jahren.
- **Anleitung**:
    1. Spielen Sie Musik und lassen Sie die Kinder sich zur Musik bewegen.
    2. Stoppen Sie die Musik und rufen Sie eine Emotion (z.B. glücklich, traurig, wütend).

3. Die Kinder sollen in einer Pose einfrieren, die die genannte Emotion darstellt.

4. Wiederholen Sie dies mit verschiedenen Emotionen.

- **Reflexion**: Fragen Sie die Kinder, wie sie ihre Impulse kontrolliert haben, die Emotionen darzustellen und sich bei Musikstopps nicht zu bewegen.

Kreative Aktivitäten zur Verbesserung der Selbstberuhigung

31.   Beruhigungsglas

- **Ziel der Übung**: Diese Aktivität hilft Kindern, sich zu beruhigen und ihre Gefühle zu regulieren, indem sie visuell stimuliert werden.

- **Altersempfehlung**: Geeignet für Kinder im Alter von 3 bis 6 Jahren.

- **Anleitung**:

    1. Füllen Sie ein Glas mit Wasser und geben Sie Glitzer und kleine Figuren hinein.

    2. Verschließen Sie das Glas sicher und lassen Sie die Kinder es schütteln.

    3. Beobachten Sie gemeinsam, wie sich der Glitzer langsam absetzt.

- **Reflexion**: Fragen Sie die Kinder, wie sie sich fühlen, nachdem sie dem Glitzer zugesehen haben, und ob es ihnen geholfen hat, sich zu beruhigen.

32. Tiefe Atemübungen mit einem Kuscheltier

- **Ziel der Übung**: Diese Aktivität lehrt Kindern tiefe Atemtechniken, um sich in stressigen Momenten zu beruhigen.
- **Altersempfehlung**: Geeignet für Kinder im Alter von 3 bis 6 Jahren.
- **Anleitung**:
    1. Lassen Sie die Kinder sich auf den Rücken legen und ein Kuscheltier auf ihren Bauch legen.
    2. Bitten Sie sie, tief durch die Nase einzuatmen und dabei zu beobachten, wie sich das Kuscheltier hebt, und dann langsam durch den Mund auszuatmen, sodass das Kuscheltier wieder sinkt.
    3. Wiederholen Sie dies mehrmals.
- **Reflexion**: Fragen Sie die Kinder, ob sie sich nach den Atemübungen ruhiger fühlen und ob sie diese Technik in stressigen Situationen anwenden möchten.

33. Beruhigungsmalbuch

- **Ziel der Übung**: Diese Aktivität fördert die Selbstberuhigung durch kreatives Ausmalen.
- **Altersempfehlung**: Geeignet für Kinder im Alter von 3 bis 6 Jahren.
- **Anleitung**:
    1. Geben Sie den Kindern ein Malbuch mit beruhigenden Motiven und Farben.

2. Lassen Sie sie die Bilder in ihrem eigenen Tempo ausmalen.

3. Spielen Sie leise, beruhigende Musik im Hintergrund.

- **Reflexion**: Sprechen Sie mit den Kindern darüber, wie sie sich während und nach dem Ausmalen fühlen.

34.   Sandspiel

- **Ziel der Übung**: Diese Aktivität hilft Kindern, sich durch sensorisches Spiel zu beruhigen.
- **Altersempfehlung**: Geeignet für Kinder im Alter von 3 bis 6 Jahren.
- **Anleitung**:
    1. Füllen Sie eine Kiste mit feinem Sand und verstecken Sie kleine Spielzeuge oder Muscheln darin.
    2. Lassen Sie die Kinder im Sand graben und die versteckten Schätze finden.
    3. Ermutigen Sie die Kinder, den Sand durch ihre Finger rieseln zu lassen und die verschiedenen Texturen zu spüren.
- **Reflexion**: Fragen Sie die Kinder, ob sie sich nach dem Spielen mit dem Sand entspannter fühlen.

35.   Beruhigende Geschichtenzeit

- **Ziel der Übung**: Diese Aktivität beruhigt Kinder durch das
  Hören von entspannenden Geschichten.
- **Altersempfehlung**: Geeignet für Kinder im Alter von 3 bis
  6 Jahren.
- **Anleitung**:
  1. Wählen Sie ein Bilderbuch mit einer beruhigenden
     Geschichte und sanften Illustrationen.
  2. Lesen Sie die Geschichte in einem ruhigen und
     langsamen Tempo vor.
  3. Lassen Sie die Kinder sich hinlegen oder bequem
     hinsetzen, während sie zuhören.
- **Reflexion**: Fragen Sie die Kinder, wie sie sich nach dem
  Hören der Geschichte fühlen, und ob sie eine
  Lieblingsgeschichte haben, die sie beruhigt.

36.   Massage mit einem Ball

- **Ziel der Übung**: Diese Aktivität hilft Kindern, sich zu
  entspannen und Spannungen im Körper zu lösen.
- **Altersempfehlung**: Geeignet für Kinder im Alter von 3 bis
  6 Jahren.
- **Anleitung**:
  1. Geben Sie den Kindern einen kleinen Massageball
     oder Igelball.
  2. Lassen Sie sie den Ball langsam über ihre Arme,
     Beine und den Rücken rollen.

3. Zeigen Sie den Kindern, wie sie sanften Druck anwenden können, um sich zu massieren.

- **Reflexion**: Fragen Sie die Kinder, ob sie sich nach der Massage entspannt fühlen und ob sie die Übung gerne wiederholen möchten.

37.   Beruhigende Klangschale

- **Ziel der Übung**: Diese Aktivität fördert die Selbstberuhigung durch das Hören und Spüren von Klangvibrationen.
- **Altersempfehlung**: Geeignet für Kinder im Alter von 3 bis 6 Jahren.
- **Anleitung**:
    1. Setzen Sie die Kinder in einen Kreis und stellen Sie eine Klangschale in die Mitte.
    2. Lassen Sie jedes Kind nacheinander die Klangschale anschlagen und den Ton hören.
    3. Ermutigen Sie die Kinder, sich auf die Vibrationen und den Klang zu konzentrieren.
- **Reflexion**: Fragen Sie die Kinder, wie sie sich fühlen, nachdem sie den Klang der Schale gehört haben, und ob es ihnen geholfen hat, sich zu entspannen.

38.   Kuschelecke

- **Ziel der Übung**: Diese Aktivität bietet Kindern einen sicheren und gemütlichen Raum zur Selbstberuhigung.
- **Altersempfehlung**: Geeignet für Kinder im Alter von 3 bis 6 Jahren.
- **Anleitung**:
    1. Richten Sie eine Ecke des Raumes mit weichen Kissen, Decken und Kuscheltieren ein.
    2. Erlauben Sie den Kindern, sich in die Kuschelecke zurückzuziehen, wenn sie sich gestresst oder überfordert fühlen.
    3. Geben Sie ihnen die Möglichkeit, in der Ecke ruhig zu spielen, zu lesen oder einfach zu entspannen.
- **Reflexion**: Sprechen Sie mit den Kindern darüber, wie sie sich in der Kuschelecke gefühlt haben und ob sie diesen Raum als beruhigend empfinden.

39.   Wolken beobachten

- **Ziel der Übung**: Fördert die Selbstberuhigung durch ruhiges Beobachten der Wolken am Himmel.
- **Altersempfehlung**: Geeignet für Kinder im Alter von 3 bis 6 Jahren.
- **Anleitung**:
    1. Gehen Sie mit den Kindern nach draußen an einen Ort, wo sie den Himmel gut sehen können.
    2. Bitten Sie die Kinder, sich hinzulegen oder bequem hinzusetzen und die Wolken zu beobachten.

3. Ermutigen Sie die Kinder, die Formen der Wolken zu beschreiben und ihrer Fantasie freien Lauf zu lassen.

- **Reflexion**: Fragen Sie die Kinder, wie sie sich gefühlt haben, als sie die Wolken beobachtet haben und ob es ihnen geholfen hat, sich zu entspannen.

40.   Seifenblasen pusten

- **Ziel der Übung**: Fördert die Selbstberuhigung durch das langsame und konzentrierte Pusten von Seifenblasen.
- **Altersempfehlung**: Geeignet für Kinder im Alter von 3 bis 6 Jahren.
- **Anleitung**:
    1. Geben Sie jedem Kind eine Seifenblasenflasche und einen Blasring.
    2. Bitten Sie die Kinder, langsam und vorsichtig Seifenblasen zu pusten und ihnen beim Schweben zuzusehen.
    3. Lassen Sie die Kinder versuchen, die Seifenblasen zu fangen oder sanft zum Platzen zu bringen.
- **Reflexion**: Diskutieren Sie, wie sich die Kinder beim Pusten der Seifenblasen gefühlt haben und ob es ihnen geholfen hat, ruhig zu bleiben.

41.   Naturklänge hören

- **Ziel der Übung**: Fördert die Selbstberuhigung durch das bewusste Zuhören von Naturgeräuschen.
- **Altersempfehlung**: Geeignet für Kinder im Alter von 3 bis 6 Jahren.
- **Anleitung**:
  1. Gehen Sie mit den Kindern an einen ruhigen Ort in der Natur (z.B. Park, Wald).
  2. Bitten Sie die Kinder, die Augen zu schließen und den Geräuschen der Natur zu lauschen (z.B. Vogelgezwitscher, Blätterrauschen).
  3. Diskutieren Sie, welche Geräusche sie gehört haben und wie sie sich dabei gefühlt haben.
- **Reflexion**: Fragen Sie die Kinder, ob das Zuhören der Naturgeräusche ihnen geholfen hat, sich zu entspannen und ruhig zu bleiben.

42.   Kneten und Modellieren

- **Ziel der Übung**: Fördert die Selbstberuhigung durch das konzentrierte Kneten und Formen von Knetmasse.
- **Altersempfehlung**: Geeignet für Kinder im Alter von 3 bis 6 Jahren.
- **Anleitung**:
  1. Geben Sie den Kindern Knetmasse in verschiedenen Farben.
  2. Lassen Sie die Kinder frei modellieren und Formen erstellen, die ihnen gefallen.

3. Ermutigen Sie die Kinder, sich auf die Textur und das Gefühl der Knetmasse zu konzentrieren.

- **Reflexion**: Diskutieren Sie, wie sich die Kinder beim Kneten und Modellieren gefühlt haben und ob es ihnen geholfen hat, sich zu beruhigen.

43.　Duftende Entspannung

- **Ziel der Übung**: Fördert die Selbstberuhigung durch das Einatmen beruhigender Düfte.
- **Altersempfehlung**: Geeignet für Kinder im Alter von 3 bis 6 Jahren.
- **Anleitung**:
  1. Stellen Sie verschiedene Duftöle oder Duftkissen mit beruhigenden Düften wie Lavendel oder Kamille bereit.
  2. Lassen Sie die Kinder an den Düften riechen und darüber sprechen, wie die Düfte auf sie wirken.
  3. Ermutigen Sie die Kinder, tief einzuatmen und sich auf die beruhigenden Düfte zu konzentrieren.
- **Reflexion**: Fragen Sie die Kinder, welche Düfte ihnen am besten gefallen haben und ob das Einatmen der Düfte ihnen geholfen hat, sich zu entspannen.

44.   Malen mit Wasser

- **Ziel der Übung**: Fördert die Selbstberuhigung durch das konzentrierte Malen mit Wasser.
- **Altersempfehlung**: Geeignet für Kinder im Alter von 3 bis 6 Jahren.
- **Anleitung**:
    1. Geben Sie den Kindern Pinsel und Schalen mit Wasser.
    2. Lassen Sie die Kinder mit dem Wasser auf speziellen Malmatten oder dunklem Papier malen, das beim Trocknen wieder verschwindet.
    3. Ermutigen Sie die Kinder, langsam und bewusst zu malen und die Muster zu beobachten.
- **Reflexion**: Diskutieren Sie, wie sich die Kinder beim Malen mit Wasser gefühlt haben und ob es ihnen geholfen hat, ruhig und konzentriert zu bleiben.

45.   Traumreise

- **Ziel der Übung**: Fördert die Selbstberuhigung durch eine geführte Traumreise.
- **Altersempfehlung**: Geeignet für Kinder im Alter von 3 bis 6 Jahren.
- **Anleitung**:
    1. Bitten Sie die Kinder, sich bequem hinzulegen oder hinzusetzen und die Augen zu schließen.

2. Führen Sie die Kinder durch eine ruhige und entspannende Geschichte, in der sie sich einen schönen Ort vorstellen (z.B. ein Strand, ein Wald).

3. Ermutigen Sie die Kinder, sich die Details des Ortes lebhaft vorzustellen und sich dabei zu entspannen.

- **Reflexion**: Fragen Sie die Kinder, wie sie sich nach der Traumreise gefühlt haben und ob es ihnen geholfen hat, sich zu entspannen.

Kapitel 3: Selbstregulationsspiele für Kinder von 7 bis 9 Jahren

Spiele zur Stärkung der emotionalen Resilienz

46.   Emotions-Tagebuch

- **Ziel der Übung**: Diese Übung hilft Kindern, ihre Gefühle zu identifizieren und auszudrücken, was ihre emotionale Resilienz stärkt.
- **Altersempfehlung**: Geeignet für Kinder im Alter von 7 bis 9 Jahren.
- **Anleitung**:
  1. Geben Sie jedem Kind ein Tagebuch und Stifte.
  2. Bitten Sie die Kinder, täglich ihre Gefühle und Ereignisse des Tages aufzuschreiben.
  3. Ermutigen Sie sie, sowohl positive als auch negative Erlebnisse zu reflektieren und wie sie damit umgegangen sind.
- **Reflexion**: Diskutieren Sie wöchentlich in einer Gruppe, wie sich das Schreiben auf ihre Gefühle ausgewirkt hat.

47.   Rollenspiele

- **Ziel der Übung**: Diese Übung stärkt die Fähigkeit der Kinder, verschiedene Situationen zu meistern und kreative Lösungen zu finden.

- **Altersempfehlung**: Geeignet für Kinder im Alter von 7 bis 9 Jahren.

- **Anleitung**:

  1. Wählen Sie verschiedene Szenarien aus, in denen Kinder auf Herausforderungen stoßen (z.B. einen Streit mit einem Freund).

  2. Lassen Sie die Kinder die Szenarien nachspielen und verschiedene Lösungen ausprobieren.

  3. Diskutieren Sie nach jedem Rollenspiel, welche Lösungen am besten funktioniert haben und warum.

- **Reflexion**: Fragen Sie die Kinder, wie sie sich gefühlt haben und was sie aus den Rollenspielen gelernt haben.

48.   Der Mutmach-Kreis

- **Ziel der Übung**: Diese Übung fördert das Selbstbewusstsein und die Fähigkeit, Unterstützung zu geben und zu empfangen.

- **Altersempfehlung**: Geeignet für Kinder im Alter von 7 bis 9 Jahren.

- **Anleitung**:

  1. Setzen Sie die Kinder in einen Kreis.

  2. Jeder darf reihum etwas Positives über sich selbst und über ein anderes Kind im Kreis sagen.

3. Ermutigen Sie die Kinder, ehrlich und unterstützend zu sein.

- **Reflexion**: Diskutieren Sie, wie die positiven Rückmeldungen ihr Selbstbewusstsein und ihre Resilienz gestärkt haben.

49. Problemlösungs-Stationen

- **Ziel der Übung**: Diese Übung stärkt die Problemlösungsfähigkeiten und die Fähigkeit, mit Herausforderungen umzugehen.
- **Altersempfehlung**: Geeignet für Kinder im Alter von 7 bis 9 Jahren.
- **Anleitung**:
  1. Richten Sie mehrere Stationen mit verschiedenen Problemen oder Aufgaben ein (z.B. ein Puzzle, ein kniffliges Rätsel).
  2. Lassen Sie die Kinder in kleinen Gruppen von Station zu Station gehen und die Aufgaben lösen.
  3. Diskutieren Sie nach jeder Station die angewandten Strategien und Lösungen.
- **Reflexion**: Fragen Sie die Kinder, wie sie sich gefühlt haben, als sie die Probleme gelöst haben, und welche Strategien am besten funktioniert haben.

50.   Geschichten erzählen

- **Ziel der Übung**: Diese Übung fördert die emotionale Resilienz durch das Teilen und Hören von Geschichten über Herausforderungen und Erfolge.
- **Altersempfehlung**: Geeignet für Kinder im Alter von 7 bis 9 Jahren.
- **Anleitung**:
    1. Bitten Sie die Kinder, eine Geschichte über eine Herausforderung oder einen Erfolg zu erzählen, den sie erlebt haben.
    2. Ermutigen Sie die Kinder, auf Details einzugehen und zu beschreiben, wie sie sich gefühlt haben und was sie gelernt haben.
    3. Lassen Sie die anderen Kinder Fragen stellen und ihre eigenen ähnlichen Erlebnisse teilen.
- **Reflexion**: Diskutieren Sie, wie das Teilen und Hören von Geschichten ihre emotionale Resilienz gestärkt hat.

51.   Vertrauensspiele

- **Ziel der Übung**: Diese Übung stärkt das Vertrauen in sich selbst und in andere, was die emotionale Resilienz fördert.
- **Altersempfehlung**: Geeignet für Kinder im Alter von 7 bis 9 Jahren.
- **Anleitung**:
    1. Wählen Sie ein Vertrauensspiel, z.B. das „Vertrauensfall" (einer lässt sich nach hinten fallen, während ein anderer ihn auffängt).

2. Lassen Sie die Kinder in Paaren arbeiten und wechseln Sie die Rollen.

3. Diskutieren Sie danach, wie es sich angefühlt hat, zu vertrauen und Verantwortung zu übernehmen.

- **Reflexion**: Fragen Sie die Kinder, wie das Vertrauen in sich selbst und in andere ihre Resilienz stärkt.

52.   Gefühlsmonster

- **Ziel der Übung**: Diese Übung hilft Kindern, ihre Gefühle zu erkennen und auszudrücken, indem sie kreative Methoden anwenden.

- **Altersempfehlung**: Geeignet für Kinder im Alter von 7 bis 9 Jahren.

- **Anleitung**:
    1. Geben Sie den Kindern verschiedene Materialien wie Knete, Papier und Stifte.

    2. Bitten Sie die Kinder, „Gefühlsmonster" zu erschaffen, die ihre aktuellen Emotionen darstellen.

    3. Lassen Sie die Kinder ihre „Monster" präsentieren und erklären, welche Gefühle sie darstellen und warum.

- **Reflexion**: Diskutieren Sie, wie das Erkennen und Ausdrücken ihrer Gefühle ihnen helfen kann, resilienter zu werden.

53.   Dankbarkeitstagebuch

- **Ziel der Übung**: Diese Übung stärkt die emotionale Resilienz durch das tägliche Praktizieren von Dankbarkeit.
- **Altersempfehlung**: Geeignet für Kinder im Alter von 7 bis 9 Jahren.
- **Anleitung**:
    1. Geben Sie jedem Kind ein Tagebuch.
    2. Bitten Sie die Kinder, jeden Tag drei Dinge aufzuschreiben, für die sie dankbar sind.
    3. Ermutigen Sie sie, detailliert zu beschreiben, warum sie dankbar sind und wie es ihnen hilft, sich besser zu fühlen.
- **Reflexion**: Diskutieren Sie regelmäßig, wie das Schreiben im Dankbarkeitstagebuch ihre Sichtweise und Resilienz beeinflusst hat.

Übungen zur Problemlösungsfähigkeit

54.   Rätsel-Lösen

- **Ziel der Übung**: Diese Übung fördert das logische Denken und die Problemlösungsfähigkeiten durch das Lösen von Rätseln.

- **Altersempfehlung**: Geeignet für Kinder im Alter von 7 bis 9 Jahren.

- **Anleitung**:

    1. Bereiten Sie verschiedene Rätsel und Denksportaufgaben vor (z.B. Kreuzworträtsel, Labyrinthe, Logikrätsel).

    2. Geben Sie den Kindern die Rätsel und lassen Sie sie einzeln oder in Gruppen arbeiten, um sie zu lösen.

    3. Diskutieren Sie nach dem Lösen der Rätsel die angewandten Strategien und Lösungswege.

- **Reflexion**: Fragen Sie die Kinder, welche Techniken ihnen am besten geholfen haben und wie sie ähnliche Probleme in Zukunft angehen würden.

55. Bauprojekt

- **Ziel der Übung**: Diese Übung stärkt die kreativen Problemlösungsfähigkeiten durch den Bau eines gemeinsamen Projekts.
- **Altersempfehlung**: Geeignet für Kinder im Alter von 7 bis 9 Jahren.
- **Anleitung**:
    1. Geben Sie den Kindern verschiedene Baumaterialien (z.B. Bauklötze, Legosteine, Papier und Kleber).
    2. Stellen Sie ihnen die Aufgabe, ein bestimmtes Bauwerk zu erstellen (z.B. eine Brücke, einen Turm).
    3. Ermutigen Sie sie, zusammenzuarbeiten und kreative Lösungen für bauliche Herausforderungen zu finden.
- **Reflexion**: Diskutieren Sie, welche Herausforderungen sie beim Bauen hatten und wie sie diese gelöst haben.

56. Schatzsuche

- **Ziel der Übung**: Diese Übung fördert das Teamwork und die Problemlösungsfähigkeiten durch eine Schatzsuche mit Hinweisen.
- **Altersempfehlung**: Geeignet für Kinder im Alter von 7 bis 9 Jahren.
- **Anleitung**:
    1. Bereiten Sie eine Schatzsuche mit verschiedenen Hinweisen und Rätseln vor, die zu einem verborgenen Schatz führen.

2. Teilen Sie die Kinder in Gruppen auf und lassen Sie sie gemeinsam die Hinweise entschlüsseln und den Schatz finden.

3. Beobachten Sie die Zusammenarbeit und die angewandten Problemlösungsstrategien.

- **Reflexion**: Fragen Sie die Kinder, wie sie die Hinweise entschlüsselt haben und wie sie als Team zusammengearbeitet haben.

57. Geschichtenbasierte Problemlösung

- **Ziel der Übung**: Diese Übung fördert das kreative Denken und die Problemlösungsfähigkeiten durch das Erzählen und Lösen von Problemen in Geschichten.

- **Altersempfehlung**: Geeignet für Kinder im Alter von 7 bis 9 Jahren.

- **Anleitung**:
    1. Erzählen Sie eine Geschichte, die ein Problem oder ein Dilemma enthält.

    2. Bitten Sie die Kinder, Lösungen für das Problem zu finden und verschiedene Szenarien durchzuspielen.

    3. Diskutieren Sie die verschiedenen Lösungen und deren mögliche Auswirkungen.

- **Reflexion**: Fragen Sie die Kinder, welche Lösung sie am besten fanden und warum.

58.   Kooperative Spiele

- **Ziel der Übung**: Diese Übung stärkt die Problemlösungsfähigkeiten durch kooperative Brettspiele oder Teamspiele.
- **Altersempfehlung**: Geeignet für Kinder im Alter von 7 bis 9 Jahren.
- **Anleitung**:
  1. Wählen Sie kooperative Brettspiele oder Teamspiele, bei denen die Kinder zusammenarbeiten müssen, um ein gemeinsames Ziel zu erreichen (z.B. „Die verbotene Insel", „Pandemic").
  2. Lassen Sie die Kinder in Teams spielen und ermutigen Sie sie, gemeinsam Strategien zu entwickeln.
  3. Beobachten Sie die Zusammenarbeit und die angewandten Problemlösungsstrategien.
- **Reflexion**: Diskutieren Sie, wie die Zusammenarbeit funktioniert hat und welche Strategien am erfolgreichsten waren.

59.   Denkspiele

- **Ziel der Übung**: Diese Übung fördert das analytische Denken und die Problemlösungsfähigkeiten durch Denkspiele.
- **Altersempfehlung**: Geeignet für Kinder im Alter von 7 bis 9 Jahren.

- **Anleitung**:

    1. Bereiten Sie verschiedene Denkspiele vor (z.B. „Mastermind", „Rush Hour", „Schach").

    2. Lassen Sie die Kinder die Spiele spielen und ermutigen Sie sie, verschiedene Strategien auszuprobieren.

    3. Diskutieren Sie nach dem Spiel die angewandten Strategien und die Denkprozesse.

- **Reflexion**: Fragen Sie die Kinder, welche Denkstrategien sie angewendet haben und wie sie diese verbessern könnten.

60.   Experimente

- **Ziel der Übung**: Diese Übung fördert das wissenschaftliche Denken und die Problemlösungsfähigkeiten durch einfache Experimente.

- **Altersempfehlung**: Geeignet für Kinder im Alter von 7 bis 9 Jahren.

- **Anleitung**:

    1. Wählen Sie einfache Experimente, die die Kinder selbst durchführen können (z.B. „Vulkan" aus Backpulver und Essig, „Eis schmelzen").

    2. Lassen Sie die Kinder Hypothesen aufstellen und die Experimente durchführen.

    3. Diskutieren Sie die Ergebnisse und was sie über das Experiment gelernt haben.

- **Reflexion**: Fragen Sie die Kinder, wie sie die Probleme, die während der Experimente auftraten, gelöst haben.

61.　Kunstwerke schaffen

- **Ziel der Übung**: Diese Übung fördert das kreative Problemlösen durch Kunstprojekte.
- **Altersempfehlung**: Geeignet für Kinder im Alter von 7 bis 9 Jahren.
- **Anleitung**:
    1. Geben Sie den Kindern verschiedene Materialien und Werkzeuge, um Kunstwerke zu schaffen (z.B. Malen, Skulpturen, Collagen).
    2. Stellen Sie eine Herausforderung oder ein Thema, das sie in ihren Kunstwerken darstellen sollen (z.B. „Ein Tag am Meer").
    3. Lassen Sie die Kinder kreativ arbeiten und Lösungen finden, wie sie ihre Ideen umsetzen können.
- **Reflexion**: Diskutieren Sie, wie sie ihre Ideen entwickelt und welche Probleme sie beim Erstellen ihrer Kunstwerke gelöst haben.

Aktivitäten zur Förderung der Konzentration und Ausdauer

62.   Zen-Garten gestalten

- **Ziel der Übung**: Fördert die Achtsamkeit und Konzentration durch das Gestalten eines kleinen Zen-Gartens.

- **Altersempfehlung**: Geeignet für Kinder im Alter von 7 bis 9 Jahren.

- **Anleitung**:
    1. Geben Sie den Kindern eine flache Schale, Sand, kleine Steine und Mini-Harke.
    2. Lassen Sie die Kinder den Sand glattstreichen und mit der Harke Muster ziehen.
    3. Die Kinder können Steine und andere kleine Objekte hinzufügen, um ihren Garten zu gestalten.

- **Reflexion**: Fragen Sie die Kinder, wie sie sich während des Gestaltens gefühlt haben und ob es ihnen geholfen hat, sich zu konzentrieren.

63.   Musik-Improvisation

- **Ziel der Übung**: Fördert die Kreativität und Konzentration durch musikalische Improvisation.
- **Altersempfehlung**: Geeignet für Kinder im Alter von 7 bis 9 Jahren.
- **Anleitung**:
    1. Geben Sie den Kindern einfache Musikinstrumente wie Trommeln, Rasseln oder Xylophone.
    2. Ermutigen Sie die Kinder, ihre eigenen Rhythmen und Melodien zu erfinden.
    3. Lassen Sie die Kinder abwechselnd solistisch oder als Gruppe improvisieren.
- **Reflexion**: Diskutieren Sie, wie die Kinder ihre Musikstücke entwickelt haben und wie sie sich dabei konzentriert haben.

64.   Stille-Kunstprojekt

- **Ziel der Übung**: Fördert die Geduld und Konzentration durch detaillierte Kunstprojekte in völliger Stille.
- **Altersempfehlung**: Geeignet für Kinder im Alter von 7 bis 9 Jahren.
- **Anleitung**:
    1. Geben Sie den Kindern Papier und Zeichenmaterialien.
    2. Bitten Sie die Kinder, in völliger Stille ein Bild zu zeichnen oder zu malen.

3. Ermutigen Sie die Kinder, sich auf die Details und die Ruhe zu konzentrieren.

- **Reflexion**: Fragen Sie die Kinder, wie sich die Stille auf ihre Konzentration ausgewirkt hat und wie sie ihre Kunstwerke geschaffen haben.

65.   Schnitzeljagd

- **Ziel der Übung**: Fördert die Ausdauer und Problemlösungsfähigkeiten durch eine Schnitzeljagd.
- **Altersempfehlung**: Geeignet für Kinder im Alter von 7 bis 9 Jahren.
- **Anleitung**:
  1. Erstellen Sie eine Liste von Hinweisen und Verstecken rund um den Spielplatz oder Garten.
  2. Teilen Sie die Kinder in Teams auf und geben Sie ihnen die erste Aufgabe.
  3. Lassen Sie die Kinder den Hinweisen folgen, um den Schatz zu finden.
- **Reflexion**: Diskutieren Sie, wie die Kinder zusammengearbeitet haben und wie sie die Hinweise gelöst haben.

66.   Yoga- und Meditationssitzung

- **Ziel der Übung**: Fördert die Konzentration und innere Ruhe durch Yoga und Meditation.
- **Altersempfehlung**: Geeignet für Kinder im Alter von 7 bis 9 Jahren.
- **Anleitung**:
  1. Zeigen Sie den Kindern einfache Yoga-Posen und Atemübungen.
  2. Führen Sie eine kurze, geführte Meditation durch, bei der die Kinder ihre Augen schließen und sich auf ihre Atmung konzentrieren.
  3. Ermutigen Sie die Kinder, sich auf die Bewegungen und den Atem zu konzentrieren.
- **Reflexion**: Fragen Sie die Kinder, wie sie sich nach der Yoga- und Meditationssitzung fühlen und ob es ihnen geholfen hat, sich zu konzentrieren.

67.   Bau eines Insektenhotels

- **Ziel der Übung**: Fördert die Geduld und das handwerkliche Geschick durch den Bau eines Insektenhotels.
- **Altersempfehlung**: Geeignet für Kinder im Alter von 7 bis 9 Jahren.
- **Anleitung**:
  1. Geben Sie den Kindern Materialien wie Holz, Bambusrohre und Tannenzapfen.

2. Erklären Sie den Kindern, wie sie die Materialien zu einem Insektenhotel zusammenbauen können.

3. Lassen Sie die Kinder in Teams arbeiten und ihr eigenes Insektenhotel gestalten.

- **Reflexion**: Diskutieren Sie, wie die Kinder das Projekt angegangen sind und welche Schwierigkeiten sie überwunden haben.

68.   Geschichtenkarussell

- **Ziel der Übung**: Fördert die Kreativität und Konzentration durch das Erfinden von Geschichten.
- **Altersempfehlung**: Geeignet für Kinder im Alter von 7 bis 9 Jahren.
- **Anleitung**:
    1. Beginnen Sie eine Geschichte mit ein paar Sätzen und lassen Sie dann das erste Kind weitermachen.
    2. Jedes Kind fügt der Geschichte abwechselnd einen Satz hinzu.
    3. Fahren Sie fort, bis die Geschichte eine logische oder lustige Wendung nimmt.
- **Reflexion**: Fragen Sie die Kinder, wie sie ihre Ideen entwickelt haben und wie sie sich während des Geschichtenerzählens konzentriert haben.

69.   Labyrinthbau

- **Ziel der Übung**: Fördert die Problemlösungsfähigkeiten und Ausdauer durch das Entwerfen und Durchlaufen eines Labyrinths.
- **Altersempfehlung**: Geeignet für Kinder im Alter von 7 bis 9 Jahren.
- **Anleitung**:
    1. Geben Sie den Kindern Materialien wie Seile, Kisten und Stöcke, um ein Labyrinth zu bauen.
    2. Lassen Sie die Kinder das Labyrinth aufbauen und dann gegenseitig durch das Labyrinth führen.
    3. Ermutigen Sie die Kinder, verschiedene Wege und Lösungen auszuprobieren.
- **Reflexion**: Diskutieren Sie, wie sie die Hindernisse überwunden haben und wie sie sich dabei konzentriert haben.

70.   Schattenbilder

- **Ziel der Übung**: Fördert die Kreativität und Konzentration durch das Erstellen von Schattenbildern.
- **Altersempfehlung**: Geeignet für Kinder im Alter von 7 bis 9 Jahren.
- **Anleitung**:
    1. Geben Sie den Kindern eine Taschenlampe und verschiedene Objekte.
    2. Lassen Sie die Kinder Schattenbilder an die Wand projizieren und Geschichten dazu erfinden.

3. Ermutigen Sie die Kinder, mit den Formen und Lichtwinkeln zu experimentieren.

- **Reflexion**: Fragen Sie die Kinder, wie sie ihre Schattenbilder erstellt haben und welche Geschichten sie sich ausgedacht haben.

71.   Geduldiger Gärtner

- **Ziel der Übung**: Fördert die Geduld und Ausdauer durch das Anpflanzen und Pflegen eines kleinen Gartens.
- **Altersempfehlung**: Geeignet für Kinder im Alter von 7 bis 9 Jahren.
- **Anleitung**:
  1. Geben Sie den Kindern Samen, Erde und Töpfe.
  2. Lassen Sie die Kinder die Samen pflanzen und regelmäßig gießen.
  3. Ermutigen Sie die Kinder, ein Tagebuch über das Wachstum ihrer Pflanzen zu führen.
- **Reflexion**: Diskutieren Sie, wie die Kinder die Pflanzenpflege erlebt haben und was sie dabei gelernt haben.

72. Konzentrationspuzzle

- **Ziel der Übung**: Fördert die Konzentration und Ausdauer durch das Lösen komplexer Puzzles.
- **Altersempfehlung**: Geeignet für Kinder im Alter von 7 bis 9 Jahren.
- **Anleitung**:
  1. Geben Sie den Kindern komplexe Puzzles mit vielen Teilen.
  2. Lassen Sie die Kinder alleine oder in kleinen Gruppen arbeiten, um das Puzzle zu lösen.
  3. Ermutigen Sie die Kinder, geduldig zu bleiben und verschiedene Strategien auszuprobieren.
- **Reflexion**: Fragen Sie die Kinder, welche Strategien ihnen geholfen haben und wie sie ihre Geduld bewahrt haben.

73. Trickfilm-Workshop

- **Ziel der Übung**: Fördert die Kreativität und Ausdauer durch das Erstellen eines kurzen Trickfilms.
- **Altersempfehlung**: Geeignet für Kinder im Alter von 7 bis 9 Jahren.
- **Anleitung**:
  1. Geben Sie den Kindern Materialien wie Knetmasse, Papier und eine Kamera.
  2. Lassen Sie die Kinder eine kurze Geschichte entwickeln und die Szenen animieren.
  3. Helfen Sie den Kindern, die Bilder zu einem kurzen Film zusammenzufügen.

- **Reflexion**: Diskutieren Sie, wie die Kinder ihre Ideen entwickelt haben und welche Herausforderungen sie bewältigen mussten.

74.   Musiknoten lernen

- **Ziel der Übung**: Fördert die Konzentration und Ausdauer durch das Lernen und Spielen von Musiknoten.
- **Altersempfehlung**: Geeignet für Kinder im Alter von 7 bis 9 Jahren.
- **Anleitung**:
  1. Geben Sie den Kindern einfache Musikinstrumente und Notenblätter.
  2. Bringen Sie ihnen bei, wie man die Noten liest und spielt.
  3. Lassen Sie die Kinder ein einfaches Musikstück einstudieren und vorführen.
- **Reflexion**: Fragen Sie die Kinder, wie sie das Lernen der Noten erlebt haben und wie sie sich dabei konzentriert haben.

75.   Naturdetektive

- **Ziel der Übung**: Fördert die Beobachtungsgabe und Konzentration durch das Entdecken und Dokumentieren von Naturphänomenen.
- **Altersempfehlung**: Geeignet für Kinder im Alter von 7 bis 9 Jahren.
- **Anleitung**:
    1. Geben Sie den Kindern Lupen, Notizbücher und Stifte.
    2. Lassen Sie die Kinder draußen verschiedene Pflanzen, Insekten und Tiere beobachten und zeichnen.
    3. Ermutigen Sie die Kinder, ihre Beobachtungen und Erkenntnisse zu teilen.
- **Reflexion**: Diskutieren Sie, was die Kinder entdeckt haben und wie sie ihre Konzentration aufrecht erhalten haben.

76.   Schatzkartenerstellung

- **Ziel der Übung**: Fördert die Kreativität und Ausdauer durch das Erstellen und Finden von Schatzkarten.
- **Altersempfehlung**: Geeignet für Kinder im Alter von 7 bis 9 Jahren.
- **Anleitung**:
    1. Geben Sie den Kindern Papier, Stifte und Farben, um eine Schatzkarte zu erstellen.
    2. Lassen Sie die Kinder einen Schatz verstecken und eine Karte zeichnen, die zu ihm führt.

3. Tauschen Sie die Karten aus und lassen Sie die
    Kinder die Schätze der anderen finden.

- **Reflexion**: Fragen Sie die Kinder, wie sie ihre Karten
  erstellt haben und welche Schwierigkeiten sie beim Finden
  der Schätze überwunden haben.

Kapitel 4: Selbstregulationsspiele für Kinder von 10 bis 12 Jahren

Strategien zur Stressbewältigung

77.   Atemtechniken

- **Ziel der Übung**: Diese Übung lehrt Kinder, durch kontrollierte Atmung Stress zu reduzieren.
- **Altersempfehlung**: Geeignet für Kinder im Alter von 10 bis 12 Jahren.
- **Anleitung**:
  1. Zeigen Sie den Kindern, wie man tief in den Bauch atmet und langsam ausatmet.
  2. Lassen Sie sie verschiedene Atemmuster ausprobieren, z.B. 4 Sekunden einatmen, 4 Sekunden halten, 4 Sekunden ausatmen.
  3. Üben Sie regelmäßig, besonders in stressigen Situationen.
- **Reflexion**: Fragen Sie die Kinder, wie sie sich nach den Atemübungen fühlen und ob es ihnen hilft, sich zu entspannen.

78. Progressive Muskelentspannung

- **Ziel der Übung**: Diese Technik hilft Kindern, körperliche Anspannung durch bewusstes An- und Entspannen der Muskeln abzubauen.
- **Altersempfehlung**: Geeignet für Kinder im Alter von 10 bis 12 Jahren.
- **Anleitung**:
    1. Führen Sie die Kinder durch die Anspannung und Entspannung verschiedener Muskelgruppen, beginnend mit den Füßen und endend beim Kopf.
    2. Halten Sie jede Anspannung für etwa 5 Sekunden und lassen Sie dann los.
    3. Wiederholen Sie die Übung regelmäßig.
- **Reflexion**: Fragen Sie die Kinder, wie sie sich nach der Übung fühlen und ob sie körperliche Entspannung bemerken.

79. Achtsamkeitstraining

- **Ziel der Übung**: Diese Übung fördert die Achtsamkeit und hilft Kindern, sich auf den gegenwärtigen Moment zu konzentrieren.
- **Altersempfehlung**: Geeignet für Kinder im Alter von 10 bis 12 Jahren.
- **Anleitung**:
    1. Bitten Sie die Kinder, sich bequem hinzusetzen und die Augen zu schließen.

2. Führen Sie sie durch eine kurze Achtsamkeitsmeditation, bei der sie sich auf ihre Atmung und ihre Umgebung konzentrieren.

3. Lassen Sie die Kinder beschreiben, was sie wahrnehmen, ohne zu urteilen.

- **Reflexion**: Diskutieren Sie, wie sich die Kinder während der Meditation gefühlt haben und ob es ihnen geholfen hat, sich zu entspannen.

80.   Stress-Tagebuch führen

- **Ziel der Übung**: Diese Aktivität hilft Kindern, ihre Stressauslöser zu erkennen und zu reflektieren.
- **Altersempfehlung**: Geeignet für Kinder im Alter von 10 bis 12 Jahren.
- **Anleitung**:
    1. Geben Sie den Kindern ein Tagebuch und bitten Sie sie, tägliche Stressfaktoren und ihre Reaktionen darauf zu notieren.

    2. Lassen Sie sie auch positive Ereignisse und Erfolge aufschreiben.

    3. Ermutigen Sie die Kinder, Muster zu erkennen und Strategien zu entwickeln, um Stress besser zu bewältigen.
- **Reflexion**: Fragen Sie die Kinder, ob das Tagebuch ihnen hilft, ihre Stressoren besser zu verstehen und zu bewältigen.

81.   Kreatives Schreiben

- **Ziel der Übung**: Diese Übung hilft Kindern, Stress durch kreatives Schreiben abzubauen.
- **Altersempfehlung**: Geeignet für Kinder im Alter von 10 bis 12 Jahren.
- **Anleitung**:
  1. Geben Sie den Kindern Themen oder lassen Sie sie frei schreiben.
  2. Ermutigen Sie sie, ihre Gedanken und Gefühle auszudrücken.
  3. Lassen Sie die Kinder ihre Texte in einer Gruppe vorlesen, wenn sie möchten.
- **Reflexion**: Fragen Sie die Kinder, ob das Schreiben ihnen geholfen hat, ihre Gefühle zu verarbeiten und sich zu entspannen.

82.   Visualisierungstechniken

- **Ziel der Übung**: Diese Übung hilft Kindern, sich durch positive Visualisierungen zu beruhigen.
- **Altersempfehlung**: Geeignet für Kinder im Alter von 10 bis 12 Jahren.
- **Anleitung**:
  1. Bitten Sie die Kinder, sich einen ruhigen und angenehmen Ort vorzustellen.
  2. Führen Sie sie durch eine Visualisierung, bei der sie alle Details dieses Ortes wahrnehmen (Gerüche, Geräusche, Farben).

3. Lassen Sie die Kinder diese Übung regelmäßig
    praktizieren.

- **Reflexion**: Fragen Sie die Kinder, wie sich die
  Visualisierung auf ihre Stimmung und ihr Stressniveau
  ausgewirkt hat.

83.   Bewegung und Sport

- **Ziel der Übung**: Diese Aktivität reduziert Stress durch
  körperliche Bewegung und fördert gleichzeitig die
  Gesundheit.

- **Altersempfehlung**: Geeignet für Kinder im Alter von 10
  bis 12 Jahren.

- **Anleitung**:

  1. Organisieren Sie regelmäßige Sport- oder
      Bewegungsstunden, wie Laufen, Tanzen oder
      Teamsportarten.

  2. Ermutigen Sie die Kinder, verschiedene Sportarten
      auszuprobieren und herauszufinden, was ihnen am
      meisten Spaß macht.

  3. Besprechen Sie die Vorteile von Bewegung zur
      Stressbewältigung.

- **Reflexion**: Fragen Sie die Kinder, wie sie sich nach dem
  Sport fühlen und ob es ihnen hilft, Stress abzubauen.

84.   Musiktherapie

- **Ziel der Übung**: Diese Aktivität hilft Kindern, Stress durch Musik zu reduzieren und sich zu entspannen.

- **Altersempfehlung**: Geeignet für Kinder im Alter von 10 bis 12 Jahren.

- **Anleitung**:
    1. Lassen Sie die Kinder ihre Lieblingsmusik hören oder gemeinsam Musik machen.
    2. Ermutigen Sie sie, auf die Musik zu achten und ihre Gefühle dazu auszudrücken.
    3. Führen Sie eine Diskussion darüber, wie verschiedene Musikarten auf ihre Stimmung wirken.

- **Reflexion**: Fragen Sie die Kinder, wie Musik ihnen hilft, sich zu entspannen und Stress abzubauen.

85.   Zeitmanagement-Übungen

- **Ziel der Übung**: Diese Übung lehrt Kinder, wie sie ihre Zeit effektiv planen und Stress durch Überforderung vermeiden können.

- **Altersempfehlung**: Geeignet für Kinder im Alter von 10 bis 12 Jahren.

- **Anleitung**:
    1. Geben Sie den Kindern einfache Planer oder Kalender.
    2. Zeigen Sie ihnen, wie sie ihre Aufgaben und Freizeitaktivitäten einteilen können.

3. Lassen Sie die Kinder ihre Wochenpläne erstellen und regelmäßig überprüfen.

- **Reflexion**: Fragen Sie die Kinder, ob die Planung ihnen hilft, sich weniger gestresst und besser organisiert zu fühlen.

86.　Naturerlebnisse

- **Ziel der Übung**: Diese Aktivität hilft Kindern, Stress durch Naturerlebnisse zu reduzieren und ihre Verbindung zur Natur zu stärken.
- **Altersempfehlung**: Geeignet für Kinder im Alter von 10 bis 12 Jahren.
- **Anleitung**:
    1. Organisieren Sie regelmäßige Ausflüge in die Natur, z.B. Wandern, Picknicken oder Tierbeobachtungen.
    2. Lassen Sie die Kinder die Natur erkunden und verschiedene Pflanzen und Tiere entdecken.
    3. Ermutigen Sie sie, ihre Erlebnisse und Gefühle zu teilen.
- **Reflexion**: Diskutieren Sie, wie sich die Zeit in der Natur auf ihre Stimmung und ihren Stresspegel auswirkt.

87.   Malen und Zeichnen

- **Ziel der Übung**: Diese Übung hilft Kindern, Stress durch kreatives Malen und Zeichnen abzubauen.
- **Altersempfehlung**: Geeignet für Kinder im Alter von 10 bis 12 Jahren.

- **Anleitung**:
    1. Geben Sie den Kindern verschiedene Mal- und Zeichenmaterialien.
    2. Ermutigen Sie sie, frei zu malen oder bestimmte Themen zu gestalten, die sie entspannend finden.
    3. Lassen Sie die Kinder ihre Kunstwerke in einer Gruppe präsentieren und darüber sprechen.
- **Reflexion**: Fragen Sie die Kinder, wie das Malen oder Zeichnen ihnen hilft, sich zu entspannen und ihre Gefühle auszudrücken.

88.   Journaling

- **Ziel der Übung**: Diese Übung hilft Kindern, Stress abzubauen, indem sie ihre Gedanken und Gefühle aufschreiben.
- **Altersempfehlung**: Geeignet für Kinder im Alter von 10 bis 12 Jahren.
- **Anleitung**:
    1. Geben Sie den Kindern Notizbücher und Stifte.
    2. Ermutigen Sie sie, regelmäßig über ihre Erlebnisse, Gedanken und Gefühle zu schreiben.

3. Besprechen Sie die Vorteile des Schreibens zur Stressbewältigung.

- **Reflexion**: Fragen Sie die Kinder, ob das Journaling ihnen hilft, ihre Gefühle zu verarbeiten und sich zu entspannen.

89.   Entspannungsreisen

- **Ziel der Übung**: Diese Übung hilft Kindern, sich durch geführte Entspannungsreisen zu beruhigen.
- **Altersempfehlung**: Geeignet für Kinder im Alter von 10 bis 12 Jahren.
- **Anleitung**:
  1. Bitten Sie die Kinder, sich bequem hinzulegen oder zu setzen.
  2. Führen Sie sie durch eine geführte Entspannungsreise, bei der sie sich einen ruhigen und angenehmen Ort vorstellen.
  3. Ermutigen Sie sie, sich auf die Details dieser Reise zu konzentrieren.
- **Reflexion**: Fragen Sie die Kinder, wie sich die Entspannungsreise auf ihre Stimmung und ihren Stresspegel ausgewirkt hat.

90. Stressbälle basteln und benutzen

- **Ziel der Übung**: Diese Übung hilft Kindern, Stress durch das Basteln und Benutzen von Stressbällen abzubauen.
- **Altersempfehlung**: Geeignet für Kinder im Alter von 10 bis 12 Jahren.
- **Anleitung**:
    1. Lassen Sie die Kinder ihre eigenen Stressbälle aus Luftballons und Mehl oder Reis basteln.
    2. Erklären Sie ihnen, wie sie die Stressbälle benutzen können, um sich in stressigen Situationen zu beruhigen.
    3. Üben Sie gemeinsam, den Stressball zu drücken und loszulassen.
- **Reflexion**: Fragen Sie die Kinder, wie sich das Benutzen des Stressballs auf ihre Stimmung und ihren Stress ausgewirkt hat.

91. Positive Selbstgespräche

- **Ziel der Übung**: Diese Übung hilft Kindern, Stress durch positive Selbstgespräche zu bewältigen und ihr Selbstbewusstsein zu stärken.
- **Altersempfehlung**: Geeignet für Kinder im Alter von 10 bis 12 Jahren.
- **Anleitung**:
    1. Erklären Sie den Kindern die Bedeutung positiver Selbstgespräche.

2. Lassen Sie die Kinder positive Aussagen und Affirmationen aufschreiben, die sie sich selbst sagen können.

3. Üben Sie gemeinsam, diese positiven Aussagen laut zu wiederholen.

- **Reflexion**: Fragen Sie die Kinder, wie sich die positiven Selbstgespräche auf ihr Selbstbewusstsein und ihren Stresspegel auswirken.

Spiele zur Förderung der Planungs- und Organisationsfähigkeit

92. Wochenplan erstellen

- **Ziel der Übung**: Diese Übung hilft Kindern, ihre Zeit zu planen und zu organisieren.
- **Altersempfehlung**: Geeignet für Kinder im Alter von 10 bis 12 Jahren.
- **Anleitung**:
  1. Geben Sie den Kindern einen leeren Wochenplan.
  2. Lassen Sie sie ihre täglichen Aufgaben, Freizeitaktivitäten und Ziele eintragen.
  3. Diskutieren Sie gemeinsam die Wichtigkeit von Zeitmanagement und Prioritäten.
- **Reflexion**: Fragen Sie die Kinder, wie ihnen das Planen ihrer Woche geholfen hat, sich besser organisiert zu fühlen.

93. Schatzsuche organisieren

- **Ziel der Übung**: Diese Übung fördert das Planen und Organisieren durch das Gestalten einer Schatzsuche.
- **Altersempfehlung**: Geeignet für Kinder im Alter von 10 bis 12 Jahren.
- **Anleitung**:
  1. Teilen Sie die Kinder in Gruppen auf.

2. Lassen Sie jede Gruppe eine Schatzsuche mit Hinweisen und Verstecken planen.

3. Führen Sie die Schatzsuchen gegenseitig durch.

- **Reflexion**: Diskutieren Sie, wie die Kinder die Schatzsuchen geplant haben und welche Herausforderungen sie dabei hatten.

94. Backprojekt

- **Ziel der Übung**: Diese Übung fördert das Planen und Organisieren durch das Backen eines Kuchens oder Gebäcks.
- **Altersempfehlung**: Geeignet für Kinder im Alter von 10 bis 12 Jahren.
- **Anleitung**:
  1. Geben Sie den Kindern ein Rezept und die notwendigen Zutaten.
  2. Lassen Sie sie den Backprozess planen und organisieren (z.B. Zutaten vorbereiten, Schritte einteilen).
  3. Backen Sie gemeinsam und besprechen Sie den Planungsprozess.
- **Reflexion**: Fragen Sie die Kinder, wie sie die Schritte geplant haben und ob der Plan ihnen geholfen hat, erfolgreich zu backen.

95. Projektmanagement-Spiel

- **Ziel der Übung**: Diese Übung fördert die Planungs- und Organisationsfähigkeiten durch ein simuliertes Projekt.
- **Altersempfehlung**: Geeignet für Kinder im Alter von 10 bis 12 Jahren.
- **Anleitung**:
    1. Wählen Sie ein Projekt (z.B. eine Schulveranstaltung, eine Klassenreise).
    2. Lassen Sie die Kinder in Gruppen arbeiten und verschiedene Aspekte des Projekts planen (z.B. Budget, Zeitplan, Aufgabenverteilung).
    3. Präsentieren Sie die Pläne und diskutieren Sie die Herausforderungen und Lösungen.
- **Reflexion**: Diskutieren Sie, wie die Kinder ihre Projekte geplant haben und was sie über das Projektmanagement gelernt haben.

96. Lego-Bauprojekt

- **Ziel der Übung**: Diese Übung fördert das Planen und Organisieren durch das Bauen eines komplexen Lego-Modells.
- **Altersempfehlung**: Geeignet für Kinder im Alter von 10 bis 12 Jahren.
- **Anleitung**:
    1. Geben Sie den Kindern ein detailliertes Lego-Set oder lassen Sie sie eigene Modelle entwerfen.

2. Lassen Sie sie den Bauprozess planen und die Schritte organisieren.

3. Bauen Sie die Modelle und diskutieren Sie den Planungsprozess.

- **Reflexion**: Fragen Sie die Kinder, wie sie die Bauphasen geplant haben und ob ihre Pläne gut funktioniert haben.

97. Gartenprojekt

- **Ziel der Übung**: Diese Übung fördert das Planen und Organisieren durch das Anlegen eines kleinen Gartens.
- **Altersempfehlung**: Geeignet für Kinder im Alter von 10 bis 12 Jahren.
- **Anleitung**:
  1. Wählen Sie eine Fläche für den Garten und besorgen Sie Samen und Werkzeuge.
  2. Lassen Sie die Kinder einen Plan für den Garten erstellen, einschließlich Pflanzenauswahl und Pflegeplan.
  3. Setzen Sie den Plan um und pflegen Sie den Garten gemeinsam.
- **Reflexion**: Diskutieren Sie, wie die Kinder den Garten geplant haben und welche Herausforderungen sie bewältigen mussten.

98.   Planungs-Puzzles

- **Ziel der Übung**: Diese Übung fördert das logische Denken und die Planungsfähigkeiten durch das Lösen von Puzzles.
- **Altersempfehlung**: Geeignet für Kinder im Alter von 10 bis 12 Jahren.
- **Anleitung**:
  1. Geben Sie den Kindern komplexe Puzzles oder Strategiespiele wie „Rush Hour".
  2. Lassen Sie sie die Lösungen planen und die Schritte organisieren.
  3. Besprechen Sie die Strategien und den Planungsprozess.
- **Reflexion**: Fragen Sie die Kinder, wie sie ihre Lösungen geplant haben und welche Strategien am besten funktioniert haben.

99.   Eventplanung

- **Ziel der Übung**: Diese Übung fördert das Planen und Organisieren durch die Planung eines kleinen Events (z.B. eine Geburtstagsparty, ein Schulfest).
- **Altersempfehlung**: Geeignet für Kinder im Alter von 10 bis 12 Jahren.
- **Anleitung**:
  1. Lassen Sie die Kinder ein Event auswählen und in Gruppen arbeiten.

2. Bitten Sie sie, alle Aspekte des Events zu planen, einschließlich Einladungen, Dekorationen, Aktivitäten und Snacks.

   3. Präsentieren Sie die Pläne und diskutieren Sie die Herausforderungen und Lösungen.

- **Reflexion**: Fragen Sie die Kinder, wie sie das Event geplant haben und ob ihre Pläne realistisch und gut durchdacht waren.

100.   Klassenraum-Organisation

- **Ziel der Übung**: Diese Übung fördert die Organisationsfähigkeiten durch das Planen und Einrichten eines Klassenraums.
- **Altersempfehlung**: Geeignet für Kinder im Alter von 10 bis 12 Jahren.
- **Anleitung**:
   1. Geben Sie den Kindern die Aufgabe, den Klassenraum zu organisieren und zu dekorieren.
   2. Lassen Sie sie einen Plan erstellen, wie sie den Raum einrichten möchten (z.B. Sitzordnung, Lernstationen).
   3. Setzen Sie den Plan um und besprechen Sie den Prozess.
- **Reflexion**: Diskutieren Sie, wie die Kinder den Raum geplant und organisiert haben und welche Verbesserungen sie vorschlagen würden.

101. Tagesablauf planen

- **Ziel der Übung**: Diese Übung hilft Kindern, ihren Tagesablauf zu planen und zu organisieren.
- **Altersempfehlung**: Geeignet für Kinder im Alter von 10 bis 12 Jahren.
- **Anleitung**:
    1. Geben Sie den Kindern ein Arbeitsblatt für einen Tagesplan.
    2. Lassen Sie sie ihre täglichen Aktivitäten, Hausaufgaben und Freizeit eintragen.
    3. Diskutieren Sie die Wichtigkeit von Struktur und Prioritäten.
- **Reflexion**: Fragen Sie die Kinder, ob der geplante Tagesablauf ihnen geholfen hat, sich besser organisiert zu fühlen.

102. Reiseplanung

- **Ziel der Übung**: Diese Übung fördert das Planen und Organisieren durch das Erstellen eines Reiseplans.
- **Altersempfehlung**: Geeignet für Kinder im Alter von 10 bis 12 Jahren.
- **Anleitung**:
    1. Geben Sie den Kindern die Aufgabe, eine Reise zu einem bestimmten Ziel zu planen.
    2. Lassen Sie sie die Reiseroute, Unterkunft, Aktivitäten und Budget planen.

3. Präsentieren Sie die Pläne und diskutieren Sie die Herausforderungen und Lösungen.

- **Reflexion**: Fragen Sie die Kinder, wie sie die Reise geplant haben und welche Aspekte ihnen am wichtigsten waren.

103.   Kochprojekt

- **Ziel der Übung**: Diese Übung fördert das Planen und Organisieren durch das Kochen eines Rezepts.
- **Altersempfehlung**: Geeignet für Kinder im Alter von 10 bis 12 Jahren.
- **Anleitung**:
    1. Geben Sie den Kindern ein Rezept und die notwendigen Zutaten.
    2. Lassen Sie sie den Kochprozess planen und die Schritte organisieren (z.B. Zutaten vorbereiten, Kochreihenfolge).
    3. Kochen Sie gemeinsam und besprechen Sie den Planungsprozess.
- **Reflexion**: Fragen Sie die Kinder, wie sie die Schritte geplant haben und ob der Plan ihnen geholfen hat, erfolgreich zu kochen.

104. Budgetplanung

- **Ziel der Übung**: Diese Übung hilft Kindern, ihre finanziellen Planungs- und Organisationsfähigkeiten zu entwickeln.
- **Altersempfehlung**: Geeignet für Kinder im Alter von 10 bis 12 Jahren.
- **Anleitung**:
    1. Geben Sie den Kindern ein fiktives Budget.
    2. Lassen Sie sie ein Budget für ein bestimmtes Ziel planen (z.B. ein Fest, eine Reise, ein Projekt).
    3. Diskutieren Sie, wie sie das Budget verteilt haben und welche Prioritäten sie gesetzt haben.
- **Reflexion**: Fragen Sie die Kinder, wie sie das Budget geplant haben und welche Herausforderungen sie bewältigen mussten.

105. Zeitkapsel-Projekt

- **Ziel der Übung**: Diese Übung fördert die Planungs- und Organisationsfähigkeiten durch das Erstellen einer Zeitkapsel.
- **Altersempfehlung**: Geeignet für Kinder im Alter von 10 bis 12 Jahren.
- **Anleitung**:
    1. Lassen Sie die Kinder Gegenstände auswählen, die sie in eine Zeitkapsel legen möchten.
    2. Bitten Sie sie, die Gegenstände zu beschriften und eine Liste zu erstellen.

3. Verschließen Sie die Zeitkapsel gemeinsam und vereinbaren Sie ein Datum, an dem sie geöffnet werden soll.

- **Reflexion**: Diskutieren Sie, wie die Kinder die Gegenstände ausgewählt und organisiert haben und welche Bedeutung sie ihnen beimessen.

106. Forschungsexperiment planen

- **Ziel der Übung**: Diese Übung fördert die Planungs- und Organisationsfähigkeiten durch das Planen und Durchführen eines Forschungsexperiments.
- **Altersempfehlung**: Geeignet für Kinder im Alter von 10 bis 12 Jahren.
- **Anleitung**:
    1. Geben Sie den Kindern eine wissenschaftliche Fragestellung oder lassen Sie sie eine eigene wählen.
    2. Lassen Sie sie das Experiment planen, einschließlich Hypothese, Materialien und Methoden.
    3. Führen Sie das Experiment durch und dokumentieren Sie die Ergebnisse.
- **Reflexion**: Diskutieren Sie, wie die Kinder das Experiment geplant und organisiert haben und welche Ergebnisse sie erzielt haben.

Übungen zur sozialen Kompetenz und Empathie

107.   Empathie-Geschichten

- **Ziel der Übung**: Fördert die Empathie durch das Erzählen und Diskutieren von Geschichten.
- **Altersempfehlung**: Geeignet für Kinder im Alter von 10 bis 12 Jahren.
- **Anleitung**:
  1. Lesen Sie eine Geschichte vor, die verschiedene Emotionen und Perspektiven enthält.
  2. Bitten Sie die Kinder, die Gefühle der Charaktere zu beschreiben und darüber zu sprechen, wie sie selbst in dieser Situation reagieren würden.
  3. Diskutieren Sie, wie sie Empathie zeigen und anderen helfen können.
- **Reflexion**: Fragen Sie die Kinder, wie sie die Perspektiven der Charaktere verstanden haben und was sie über Empathie gelernt haben.

108. Team-Building-Spiele

- **Ziel der Übung**: Fördert die Zusammenarbeit und soziale Kompetenz durch kooperative Spiele.
- **Altersempfehlung**: Geeignet für Kinder im Alter von 10 bis 12 Jahren.
- **Anleitung**:
  1. Wählen Sie Team-Building-Spiele aus, bei denen die Kinder zusammenarbeiten müssen (z.B. „Hindernisparcours", „Turmbau").
  2. Teilen Sie die Kinder in Gruppen auf und erklären Sie die Regeln.
  3. Beobachten Sie, wie die Kinder zusammenarbeiten und kommunizieren.
- **Reflexion**: Diskutieren Sie, wie die Teamarbeit funktioniert hat und welche Fähigkeiten sie dabei entwickelt haben.

109. Gefühle-Memory

- **Ziel der Übung**: Fördert das Erkennen und Verstehen von Emotionen durch ein Memory-Spiel.
- **Altersempfehlung**: Geeignet für Kinder im Alter von 10 bis 12 Jahren.
- **Anleitung**:
  1. Erstellen Sie Memory-Karten mit verschiedenen Emotionen und passenden Gesichtsausdrücken.
  2. Lassen Sie die Kinder das Spiel spielen und die Kartenpaare finden.

3. Diskutieren Sie die verschiedenen Emotionen und Situationen, in denen diese Gefühle auftreten können.

- **Reflexion**: Fragen Sie die Kinder, wie sie die Emotionen erkannt haben und wie sie sich fühlen, wenn sie diese Emotionen erleben.

110. Peer-Mentoring

- **Ziel der Übung**: Fördert die soziale Kompetenz und Verantwortungsbewusstsein durch Peer-Mentoring.
- **Altersempfehlung**: Geeignet für Kinder im Alter von 10 bis 12 Jahren.
- **Anleitung**:
    1. Paaren Sie ältere Kinder mit jüngeren Schülern, um ihnen bei schulischen Aufgaben oder sozialen Herausforderungen zu helfen.
    2. Geben Sie den Mentoren Anweisungen und Tipps, wie sie ihre Schützlinge unterstützen können.
    3. Lassen Sie die Mentoren regelmäßig über ihre Erfahrungen berichten.
- **Reflexion**: Fragen Sie die Kinder, wie sie die Rolle des Mentors empfunden haben und was sie über Verantwortung und Unterstützung gelernt haben.

111.   Konfliktlösungs-Workshops

- **Ziel der Übung**: Fördert die Fähigkeit zur Konfliktlösung durch Workshops und Übungen.
- **Altersempfehlung**: Geeignet für Kinder im Alter von 10 bis 12 Jahren.
- **Anleitung**:
    1. Erklären Sie verschiedene Techniken der Konfliktlösung (z.B. aktive Zuhören, Kompromisse finden).
    2. Lassen Sie die Kinder in Rollenspielen verschiedene Konflikte lösen.
    3. Diskutieren Sie die angewandten Techniken und deren Effektivität.
- **Reflexion**: Fragen Sie die Kinder, welche Techniken ihnen am meisten geholfen haben und wie sie diese in der Zukunft anwenden wollen.

112.   Perspektivenwechsel

- **Ziel der Übung**: Fördert die Empathie durch Übungen zum Perspektivenwechsel.
- **Altersempfehlung**: Geeignet für Kinder im Alter von 10 bis 12 Jahren.
- **Anleitung**:
    1. Bitten Sie die Kinder, sich in die Perspektive einer anderen Person zu versetzen (z.B. eines Klassenkameraden, eines Lehrers).

2. Lassen Sie sie aufschreiben oder erzählen, wie sie sich in dieser Rolle fühlen und welche Herausforderungen sie sehen.

3. Diskutieren Sie die verschiedenen Perspektiven in der Gruppe.

- **Reflexion**: Fragen Sie die Kinder, wie es ihnen geholfen hat, die Perspektive zu wechseln und andere besser zu verstehen.

113. Gemeinschaftsprojekte

- **Ziel der Übung**: Fördert die soziale Kompetenz und Zusammenarbeit durch Gemeinschaftsprojekte.
- **Altersempfehlung**: Geeignet für Kinder im Alter von 10 bis 12 Jahren.
- **Anleitung**:

  1. Wählen Sie ein Gemeinschaftsprojekt, an dem alle Kinder teilnehmen können (z.B. ein Kunstprojekt, eine Gartenarbeit).

  2. Lassen Sie die Kinder in Gruppen arbeiten und ihre Aufgaben planen und durchführen.

  3. Präsentieren Sie das fertige Projekt und feiern Sie die Zusammenarbeit.

- **Reflexion**: Diskutieren Sie, wie die Zusammenarbeit funktioniert hat und welche sozialen Fähigkeiten sie entwickelt haben.

---

114.   Mimik-Übungen

- **Ziel der Übung**: Fördert die Empathie und das Erkennen von Emotionen durch Mimik-Übungen.
- **Altersempfehlung**: Geeignet für Kinder im Alter von 10 bis 12 Jahren.
- **Anleitung**:
    1. Bitten Sie die Kinder, verschiedene Emotionen durch Gesichtsausdrücke darzustellen.
    2. Lassen Sie die anderen Kinder erraten, welche Emotion dargestellt wird.
    3. Diskutieren Sie, wie sie die Emotionen erkannt haben und wie sie sich dabei gefühlt haben.
- **Reflexion**: Fragen Sie die Kinder, ob die Übung ihnen geholfen hat, die Emotionen anderer besser zu verstehen.

115.   Zuhörspiele

- **Ziel der Übung**: Fördert die soziale Kompetenz und das aktive Zuhören durch spezielle Zuhörspiele.
- **Altersempfehlung**: Geeignet für Kinder im Alter von 10 bis 12 Jahren.
- **Anleitung**:
    1. Wählen Sie ein Spiel, bei dem die Kinder aufmerksam zuhören und reagieren müssen (z.B. „Stille Post", „Ich packe meinen Koffer").
    2. Lassen Sie die Kinder das Spiel spielen und achten Sie auf ihre Zuhörfähigkeiten.

3. Diskutieren Sie die Wichtigkeit des aktiven Zuhörens und wie es ihre sozialen Interaktionen verbessert.

- **Reflexion**: Fragen Sie die Kinder, wie sich ihre Zuhörfähigkeiten während des Spiels entwickelt haben.

116.   Kooperationsspiele

- **Ziel der Übung**: Fördert die Zusammenarbeit und soziale Kompetenz durch Kooperationsspiele.
- **Altersempfehlung**: Geeignet für Kinder im Alter von 10 bis 12 Jahren.
- **Anleitung**:
  1. Wählen Sie ein Spiel, bei dem die Kinder zusammenarbeiten müssen, um ein Ziel zu erreichen (z.B. „Der Zauberstab", „Das Spinnennctz").
  2. Teilen Sie die Kinder in Teams auf und erklären Sie die Regeln.
  3. Beobachten Sie, wie die Kinder kommunizieren und zusammenarbeiten.
- **Reflexion**: Diskutieren Sie, wie die Zusammenarbeit funktioniert hat und welche sozialen Fähigkeiten sie entwickelt haben.

117.   Freiwilligenarbeit

- **Ziel der Übung**: Fördert die Empathie und soziale Verantwortung durch Freiwilligenarbeit.
- **Altersempfehlung**: Geeignet für Kinder im Alter von 10 bis 12 Jahren.

- **Anleitung**:
  1. Organisieren Sie eine freiwillige Aktivität, bei der die Kinder anderen helfen können (z.B. Müll sammeln, in einem Tierheim helfen).
  2. Erklären Sie die Bedeutung der Freiwilligenarbeit und wie sie anderen zugutekommt.
  3. Lassen Sie die Kinder ihre Erfahrungen und Gefühle teilen.
- **Reflexion**: Fragen Sie die Kinder, wie sie sich während der Freiwilligenarbeit gefühlt haben und welche sozialen Fähigkeiten sie dabei entwickelt haben.

118.   Empathie-Bingo

- **Ziel der Übung**: Fördert die Empathie durch ein Bingo-Spiel, bei dem die Kinder Aufgaben erledigen, die Empathie zeigen.
- **Altersempfehlung**: Geeignet für Kinder im Alter von 10 bis 12 Jahren.
- **Anleitung**:

1. Erstellen Sie Bingo-Karten mit Aufgaben wie „Jemandem ein Kompliment machen", „Jemandem zuhören".

2. Lassen Sie die Kinder die Aufgaben im Alltag erledigen und auf ihrer Bingo-Karte abhaken.

3. Besprechen Sie am Ende der Woche die Erlebnisse und Erfahrungen der Kinder.

- **Reflexion**: Fragen Sie die Kinder, wie sie sich gefühlt haben, als sie die Aufgaben erledigt haben und welche Wirkung sie bemerkt haben.

119. Soziale Geschichten schreiben

- **Ziel der Übung**: Fördert die Empathie und soziale Kompetenz durch das Schreiben und Teilen von sozialen Geschichten.

- **Altersempfehlung**: Geeignet für Kinder im Alter von 10 bis 12 Jahren.

- **Anleitung**:
    1. Bitten Sie die Kinder, Geschichten zu schreiben, die soziale Situationen und Konflikte enthalten.

    2. Lassen Sie sie die Geschichten in der Gruppe vorlesen und darüber diskutieren.

    3. Ermutigen Sie die Kinder, mögliche Lösungen und empathische Reaktionen zu finden.

- **Reflexion**: Fragen Sie die Kinder, wie das Schreiben und Diskutieren der Geschichten ihre Empathie und sozialen Fähigkeiten verbessert hat.

Kapitel 5: Tipps und Tricks für Eltern und Lehrer

Wie man Selbstregulation im Alltag integriert

Die Integration von Übungen zur Selbstregulation in den Alltag der Kleinen kann herausfordernd sein, besonders wenn die Jungen und Mädchen sich diesen Übungen entziehen oder negative Emotionen ausdrücken. Dennoch gibt es mehrere praktische Ansätze, um diese Herausforderungen zu bewältigen und die jungen Lernenden effektiv zu unterstützen.

Zunächst ist es wichtig, langsam und schrittweise zu beginnen. Die Kleinen reagieren oft positiv auf Routine, weshalb es sinnvoll ist, mit kurzen und einfachen Übungen zu starten, die leicht in den Tagesablauf integriert werden können. Eine fünfminütige Atemübung vor dem Schlafengehen oder nach dem Mittagessen kann ein guter Anfang sein. Diese Regelmäßigkeit hilft den jungen Menschen, sich an die Übungen zu gewöhnen und sie als festen Bestandteil ihres Tagesablaufs zu akzeptieren.

Positive Verstärkung spielt eine entscheidende Rolle bei der Motivation der Kinder. Belohnungen können sehr wirkungsvoll sein, sei es in Form von Aufklebern, kleinen Spielzeugen oder zusätzlicher Spielzeit. Zusätzliches Lob und Ermutigung für ihre Bemühungen und Fortschritte stärkt das Selbstbewusstsein der Jüngsten und ihre Motivation, weiterhin an den Übungen teilzunehmen.

Es ist auch wesentlich, die Interessen der Kleinen zu berücksichtigen und die Übungen entsprechend anzupassen. Wenn ein Kind gerne malt, können beruhigende Malübungen integriert werden. Wenn ein Mädchen oder Junge gerne Geschichten hört, sind entspannende Geschichtenzeiten eine gute Wahl. Indem man die Übungen spielerisch und kreativ gestaltet, kann man die Begeisterung und das Engagement der jungen Teilnehmer erhöhen. Geschichten, Musik, Tanz oder Naturmaterialien können hier sehr hilfreich sein.

Beim Umgang mit Widerstand und negativen Emotionen der Kleinen ist es wichtig, diese Gefühle zu anerkennen, ohne sie abzuwerten. Sätze wie "Ich sehe, dass du heute wütend bist. Das ist in Ordnung" zeigen den jungen Menschen, dass ihre Gefühle akzeptiert werden. Es kann auch hilfreich sein, Alternativen anzubieten. Wenn ein Kind sich weigert, eine bestimmte Übung zu machen, kann eine alternative Aktivität zur Selbstregulation vorgeschlagen werden. Statt tiefer Atemübungen könnte der Junge oder das Mädchen beispielsweise eine beruhigende Zeichnung anfertigen. Flexibilität ist hier entscheidend; passen Sie die Übungen an die aktuelle Stimmung und die Bedürfnisse der Kleinen an.

Einbeziehung der jungen Teilnehmer in den Prozess ist ebenfalls von großer Bedeutung. Geben Sie den Jungen und Mädchen ein Mitspracherecht bei der Auswahl der Übungen. Dies fördert ihre Autonomie und ihr Engagement. Setzen Sie gemeinsam Ziele für die Übungen zur Selbstregulation. Das kann die Motivation und das Verantwortungsbewusstsein der kleinen Menschen erheblich stärken.

Eltern und Lehrer sollten als Vorbilder agieren und zeigen, wie sie selbst Selbstregulationsübungen in ihren Alltag integrieren. Die Jungen und Mädchen lernen viel durch Beobachtung und

Nachahmung. Wenn sie sehen, dass ihre Bezugspersonen diese Übungen auch durchführen, sind sie eher geneigt, sie selbst auszuprobieren. Gemeinsame Übungen können eine unterstützende und verbindende Atmosphäre schaffen, die den jungen Lernenden hilft, sich sicher und motiviert zu fühlen.

Geduld und Ausdauer sind schließlich unverzichtbare Tugenden. Erwarten Sie keine sofortigen Ergebnisse. Selbstregulation ist eine Fähigkeit, die Zeit und Übung erfordert. Sehen Sie die Übungen als langfristigen Prozess und halten Sie kontinuierlich daran fest, auch wenn es Rückschläge gibt. Mit der Zeit und durch beständiges Üben werden die jungen Menschen lernen, besser mit ihren Emotionen umzugehen und ihre Impulse zu kontrollieren

ODER KOPIEREN SIE DIE URL UND FÜGEN SIE DIESE EIN:

https://qrco.de/bfAjKJ